Magda   I0013920

Especialización de MoProSoft basada en el método ágil Scrum

Magdalena Dávila Muñoz
Hanna Oktaba

Especialización de MoProSoft basada en el método ágil Scrum

Encontrando la unión entre prácticas de modelos prescriptivos y prácticas ágiles

Editorial Académica Española

Impresión
Informacion bibliografica publicada por Deutsche Nationalbibliothek: La Deutsche Nationalbibliothek enumera esa publicacion en Deutsche Nationalbibliografie; datos bibliograficos detallados estan disponibles en Internet en http://dnb.d-nb.de.
Los demás nombres de marcas y nombres de productos mencionados en este libro están sujetos a la marca registrada o la protección de patentes y son marcas comerciales o marcas comerciales registradas de sus respectivos propietarios. El uso de nombres de marcas, nombres de productos, nombres comunes, nombres comerciales, descripciones de productos, etc incluso sin una marca particular en estos publicaciones, de ninguna manera debe interpretarse en el sentido de que estos nombres pueden ser considerados ilimitados en materia de marcas y legislación de protección de marcas, y por lo tanto ser utilizados por cualquier persona.

Imagen de portada: www.ingimage.com

Editor: Editorial Académica Española es una marca de
LAP LAMBERT Academic Publishing GmbH & Co. KG
Heinrich-Böcking-Str. 6-8, 66121 Saarbrücken, Alemania
Teléfono +49 681 3720-310, Fax +49 681 3720-3109
Correo Electronico: info@eae-publishing.com

Publicado en Alemania
Schaltungsdienst Lange o.H.G., Berlin, Books on Demand GmbH, Norderstedt,
Reha GmbH, Saarbrücken, Amazon Distribution GmbH, Leipzig
ISBN: 978-3-8465-7272-6

Imprint (only for USA, GB)
Bibliographic information published by the Deutsche Nationalbibliothek: The Deutsche Nationalbibliothek lists this publication in the Deutsche Nationalbibliografie; detailed bibliographic data are available in the Internet at http://dnb.d-nb.de.
Any brand names and product names mentioned in this book are subject to trademark, brand or patent protection and are trademarks or registered trademarks of their respective holders. The use of brand names, product names, common names, trade names, product descriptions etc. even without a particular marking in this works is in no way to be construed to mean that such names may be regarded as unrestricted in respect of trademark and brand protection legislation and could thus be used by anyone.

Cover image: www.ingimage.com

Publisher: Editorial Académica Española is an imprint of the publishing house
LAP LAMBERT Academic Publishing GmbH & Co. KG
Heinrich-Böcking-Str. 6-8, 66121 Saarbrücken, Germany
Phone +49 681 3720-310, Fax +49 681 3720-3109
Email: info@eae-publishing.com

Printed in the U.S.A.
Printed in the U.K. by (see last page)
ISBN: 978-3-8465-7272-6

Este trabajo está dedicado mi esposo Javier por su incomparable apoyo, bondad, por su confianza en mí y por todo el amor que me brinda día a día.

Gracias a Rosario y Francisco, mis padres, a Paco y Daniel, mis hermanos, por su apoyo, comprensión y por estar presentes en mi vida.

AGRADECIMIENTOS

A la Dra. Hanna Oktaba por su paciencia y su interés.

A la Maestra Guadalupe Ibargüengoitia por sus enseñanzas.

A Ernesto Elizalde por la revisión de este trabajo y por sus valiosos comentarios.

Contenido

Índice de Tablas y Figuras

1. Introducción

El desarrollo de software actual demanda poner en funcionamiento procesos completos y flexibles que deriven como resultado productos de software que cumplan con la funcionalidad y calidad necesarias [1]. Además, se requiere que los productos de software sean liberados con la suficiente rapidez para responder a las necesidades inmediatas. Como una respuesta a todas estas exigencias se han elaborado una serie de modelos de procesos que sirven como referencia para lograr calidad en los productos de software.

El Modelo de Procesos para la Industria del Software- MoProSoft [2] es uno de estos modelos que recolecta una serie de buenas prácticas en el desarrollo de software, estructuradas en nueve procesos. Este modelo es un medio de orientación y apoyo a las organizaciones pequeñas y medianas dedicadas al desarrollo de software. También forma la base para la norma mexicana *Tecnología de la Información-Software-Modelos de procesos y de evaluación para desarrollo y mantenimiento de software* (NMX-I-059-NYCE-2005), la cual considera un mecanismo de evaluación de la capacidad de procesos de las organizaciones.

El enfoque de la ejecución de dichas prácticas, no solo de MoProSoft sino también de otros modelos de procesos, es de carácter predictivo y se ha adoptado como el tradicional. Esto significa que su enfoque es el de predecir un conjunto de elementos del proceso: productos de trabajo, aseguramiento de la calidad, actividades y un flujo de trabajo. Bajo este enfoque puede ser que el proceso no se adapte al problema, proyecto, equipo de trabajo o cultura organizacional. Además en los modelos bajo este enfoque hay una preocupación por la creación de evidencia que soporte la ejecución de los procesos. Esto puede propiciar que se incremente el grado de burocracia.

En los últimos seis años ha surgido una propuesta alternativa, conocida como "Agile Alliance" (Alianza Ágil). Sus participantes elaboraron un manifiesto ágil [3] que expresa su enfoque hacia el desarrollo de software, entre sus principios [4] se encuentran: entregas frecuentes de software funcional, adopción de los cambios de requerimientos como ventajas competitivas para el cliente y la colaboración directa entre desarrolladores, usuarios y clientes.

Además, esta alianza ha promovido una serie de propuestas conocidas como "métodos ágiles". Cada uno plantea diferentes prácticas y formas de trabajo, bajo los principios que buscan cumplir la Alianza Ágil. Uno de estos métodos ágiles es Scrum el cual se define como un proceso iterativo, incremental y empírico para administrar y controlar el trabajo de desarrollo. Se le considera como un marco de trabajo que presenta un conjunto de prácticas que tienen por objetivo mantener la visibilidad, inspección y adaptación de proyectos de desarrollo de software. Esto permite guiar el trabajo hacia el resultado posible más valioso para el cliente. Scrum ha sido utilizado exitosamente en proyectos de varias organizaciones en los últimos 10 años.

La implantación de este tipo de prácticas, como las de Scrum, obedece a una inquietud de las organizaciones o equipos de desarrollo que han adquirido experiencia, tienen una visión más amplia del área de negocio, conocen como aplicar la tecnología para beneficio de la misma y por consecuencia sus procesos van madurando. Esto significa que conocen mejor las actividades que se tienen que realizar para desarrollar software, planean, desempeñan y monitorean de forma más controlada sus proyectos. Por esto, demandan conocer y ejecutar prácticas ágiles, en las que los integrantes de los equipos de trabajo se auto-organizan y por lo tanto no se requiere de agentes externos o de roles específicos que controlen las actividades.

El propósito de este trabajo es proporcionar un medio que permita adoptar prácticas de Scrum dentro de un marco de trabajo definido bajo MoProSoft. Como el alcance de Scrum es para administrar y controlar el trabajo en un proyecto de desarrollo de software, los procesos de MoProSoft que corresponden con esto son los de Administración de Proyectos Específicos (APE) y Desarrollo y Mantenimiento de Software (DMS).

La contribución de este proyecto radica en que es una propuesta que proporciona los beneficios de Scrum cumpliendo con los objetivos de los procesos APE y DMS, los cuales han probado ser indispensables para cualquier organización que se dedique al desarrollo de software. También, al adoptar esta propuesta se contribuye a ampliar los procesos de la organización o del equipo de trabajo. Así tendrán más opciones para organizar el trabajo de un proyecto de desarrollo de software, de acuerdo a las condiciones en las que se desempeñe dicho proyecto.

La relevancia de este proyecto reside en que es una respuesta a la demanda de prácticas ágiles, antes mencionada. Asimismo, esta propuesta se construyó bajo el marco de MoProSoft por lo que reconoce directrices que marcan las buenas prácticas de desarrollo de software, contenidas en dicho modelo. Por consiguiente, la adopción de esta propuesta no deja fuera la posibilidad de evaluarse bajo los parámetros de la norma mexicana NMX-I-059-NYCE-2005. Finalmente, esta propuesta constituye una vía para incorporar como una alternativa las prácticas de un método ágil a una organización o equipo de trabajo.

El trabajo que se presenta en este documento gira alrededor de la sección: 5. Especialización de MoProSoft basada en el Marco de Trabajo Scrum (MPS-Scrum). En ésta se especifica la propuesta donde se articulan el conjunto de prácticas, roles y productos basados en Scrum utilizando roles y productos de APE y DMS. El resto del contenido se divide de la siguiente forma:

En la sección 2. Marco Teórico se explican los conceptos necesarios para contextualizar la propuesta MPS-Scrum del proceso de software, modelos de procesos prescriptivos y ágiles. Estos son necesarios para contextualizar la propuesta MPS-Scrum.

En la sección 3. Modelo de Procesos para la Industria del Software (MoProSoft) se describe de manera general este modelo y se reseñan los dos procesos de interés: APE y DMS.

En la sección 4. Scrum se detalla el método ágil Scrum. Se presenta su enfoque y sus prácticas, detallando los roles, productos, actividades y reglas. También se presentan casos documentados de la aplicación de estas prácticas en diferentes organizaciones.

En la sección 6. Relación de APE y DMS con MPS-Scrum se describen los resultados del análisis que se realizó relacionando los productos, roles y actividades tanto de APE como de DMS con los productos, roles y prácticas de MPS-Scrum.

En la sección 7. Conclusiones se presentan los comentarios de un experto en prácticas ágiles con respecto a Scrum.

En el Anexo A. Detalle de la relación de las sub-actividades de APE y DMS con MPS-Scrum se muestra el detalle de la relación de cada una de las sub-actividades tanto de APE como de DMS con las prácticas de MPS-Scrum.

En el Anexo B. Ejemplo de MPS-Scrum se presenta un ejemplo hipotético del uso de MPS-Scrum para un desarrollar un producto de software para apoyar a un estudiante de posgrado en la realización de revisiones bibliográficas.

2. Marco Teórico

2.1 Introducción

Para contextualizar la propuesta de MPS-Scrum (sección 4) en esta sección se exploran la definición de Ingeniería de Software, el concepto de proceso en esta área y su conexión con el de modelo de procesos. También se distingue y se intenta caracterizar los dos enfoques: modelos de procesos prescriptivos y modelos de procesos ágiles, con el propósito de delinear los fundamentos de Scrum (sección 3). Por último, es necesario hablar del balance entre los dos enfoques solo como otro aspecto a considerar en la aplicación de los modelos de procesos.

2.2 Relación entre Ingeniería de Software, proceso de software y modelo de procesos

Cualquier propuesta referente al desarrollo, mantenimiento o retiro del software, tiene como punto de partida la definición de Ingeniería de Software. Una de las definiciones más aceptadas y mencionadas por distintos autores es la de IEEE [5], que establece:

1) La aplicación de un enfoque sistemático, disciplinado y cuantificable al desarrollo, operación y mantenimiento del software, es decir, la aplicación de ingeniería de software. 2) Estudio de enfoques como en 1).

A lo largo de la historia de la Ingeniería de Software se han originado diferentes enfoques para abordar toda la problemática relacionada con el software. Uno de estos enfoques se le llama Proceso de Ingeniería de Software, así lo menciona el autor Yingxu Wang en [6]. En éste se define al proceso de ingeniería de software como "un conjunto de prácticas secuenciales que son funcionalmente coherentes, repetibles y reusables para la organización, desarrollo y administración de la ingeniería de software", reconociéndolo también con el nombre de *proceso de software*. Además este enfoque tiene que ver con "infraestructuras sistemáticas, organizacionales y administrativas de ingeniería de software ". La mayoría de los esfuerzos se han centrado en sistematizar las actividades alrededor del software para obtener resultados cuantificables.

Este asunto también se aborda en Guide of Software Engineering Body of Knowledge (SWEBOK) [7] donde se considera al Proceso de Ingeniería de Software como un área de conocimiento en donde se distinguen dos niveles para su estudio:

- "El primero abarca las actividades técnicas y administrativas dentro de los procesos de ciclo de vida del software que son ejecutados durante la adquisición, desarrollo, mantenimiento y retiro del software".
- "El segundo es el de meta-nivel, el cual está preocupado con la definición, implementación, evaluación, medición, administración, cambio y mejora de los procesos de ciclo de vida del software".

Con estas aseveraciones se introduce otro concepto que es el de proceso de ciclo de vida del software que está unido al de modelo de ciclo de vida del software. Esa misma fuente menciona que "un modelo sirve como una definición de alto nivel de las fases que ocurren durante el desarrollo" y que "el proceso tiende a ser más detallado que el modelo y no intenta distribuir sus procesos a lo largo del tiempo".

Por lo tanto, en la búsqueda de sistematizar, ha surgido la necesidad de describir en términos más generales los procesos que intervienen en el desarrollo o mantenimiento de software, en primera instancia. Así aparece en la escena el concepto de modelo de procesos que en [7] se le llama modelo de ciclo de vida.

En este punto es importante reflexionar sobre las definiciones simples de proceso y modelo. El autor Yingxu Wang [6] menciona como uno de los principios de Ingeniería de Software el modelado de procesos. En ese punto se menciona que proceso es "una serie de acciones hacia una meta particular o una serie de transiciones hacia un estado en particular" y modelo es la "descripción formal de la secuencia de acciones o transiciones y sus condiciones". Entonces redondeando el concepto de proceso de software se puede afirmar que es la *serie de actividades que: tienen una meta relacionada con el desarrollo, operación o mantenimiento del software y son funcionalmente coherentes, repetibles y reusables.* Cuando una actividad es repetible se dice que es una práctica por lo que dentro del concepto de proceso de software se puede utilizar el término de práctica. El modelo de procesos de software, es el que *describe la organización de un conjunto de procesos de software, proporciona un marco de trabajo común para la ejecución de los mismos y propone en sus procesos prácticas probadas de uso generalizado en la industria.*

Los procesos se definen, se implementan y se mejoran para incrementar la calidad del producto que se desarrolla y para facilitar la comunicación y entendimiento humano.

A lo largo de la historia de la Ingeniería de Software bajo procesos han surgido varios modelos de procesos. Éstos han evolucionado de acuerdo a las necesidades, extendiendo su alcance para cubrir actividades de soporte para el desarrollo y mantenimiento de software. Incluso se han especializado definiendo su ámbito personal, de equipo de trabajo u organizacional. También se han presentado en formas de estándares como un esfuerzo para que la industria adopte ciertas prácticas y uniformizar el conocimiento. Algunos ejemplos son ISO 12207 [8], Capability Maturity Model Integration (CMMI) [9], Personal Software Process (PSP) y Team Software Process (TSP) [10], Unified Process [11], Scrum [12] y Modelo de Procesos para la Industria de Software (MoProSoft) [2].

El autor Roger S. Pressman en [13] establece ciertos puntos en los que se pueden diferenciar los modelos de procesos:

- El flujo global de actividades y tareas, y las interdependencias entre las actividades y las tareas.
- La granularidad de la definición de las tareas están definidas dentro de cada actividad del marco de trabajo.
- El grado en el cual se identifican y se solicitan los productos de trabajo.
- La forma en la que se aplican las actividades de aseguramiento de la calidad.
- La manera en la que se aplican las actividades de seguimiento y control.
- El grado general de detalle y el rigor con el que se describe el proceso.
- El grado en el que los clientes están comprometidos con el proyecto.
- El grado de autonomía otorgado al equipo de proyecto de software.
- La forma en la que están definidas las responsabilidades en el equipo y su organización.

Por otro lado, también se mencionan frecuentemente en este tema los conceptos de metodología y método. En [14] el autor Alistar Cockburn distingue estos conceptos y al proceso dentro de la noción de metodología. De acuerdo al diccionario citado, Merriam-Webster, una metodología es "una serie de métodos o técnicas relacionados" y método es "un procedimiento sistemático", similar a una técnica o procedimiento. La metodología es todo lo que se hace para que el software se desarrolle. Incluye a quien se contrata, qué se contrata, cómo se va a trabajar, qué se va a producir. Esto combinado con descripciones de trabajo, procedimientos y convenciones. En pocas palabras "una metodología es la serie de convenciones que un grupo acuerda". El autor determina que una metodología tiene 13 elementos entre ellos está el *proceso*. Los elementos restantes son: *milestones, calidad, actividades, equipos, productos, técnicas, roles, estándares, herramientas, habilidades, personalidad y valores del equipo*. El proceso indica el flujo de las actividades y describe quién recibe qué y de quién.

El concepto de proceso de software debe seguir evolucionando tratando de entender todo lo que interviene en él. Una propuesta en este camino es la que presenta el autor Hakan Erdogmus en [15] donde se distinguen siete características esenciales del proceso de software: centralidad en el ser humano, orientación técnica, disciplina, pragmatismo, empiricismo, experimentación y orientación a valores. Estas características no actúan individualmente, están conectadas cuando se afecta alguna, cada una de las demás actúa en forma diferente. Sin embargo, estas características ayudan a destacar las fortalezas y debilidades de los diferentes enfoques.

Es difícil hablar de software, sin mencionar el concepto de proceso, debido a que para desarrollar, mantener o retirarlo se sigue un proceso. Un proceso puede ser rígido o flexible, puede ser que esté definido para una sola persona, para un equipo o para una organización, o bien puede ser que esté basado en un modelo de procesos probado o que solo se utilice el sentido común. El concepto de proceso de software es sin duda una importante base para el entendimiento de la problemática y para la propuesta de soluciones que giran en torno a la Ingeniería de Software.

2.3 Modelos de Procesos Prescriptivos

Los Modelos de Procesos Prescriptivos han sido aplicados en los últimos 30 años, por lo que también se les puede llamar tradicionales. Se dice que son prescriptivos porque prescriben un conjunto de elementos del proceso: actividades, productos de trabajo, aseguramiento de calidad y mecanismos de control de cambio para cada proyecto. También prescriben un flujo de trabajo, que es la forma en que los elementos del proceso se interrelacionan entre sí [13].

Barry Bohem en [16] menciona que estos modelos se caracterizan por un enfoque sistemático hacia el software adhiriéndose a procesos específicos y produciendo representaciones de que se sigue un proceso, desde requerimientos hasta el código terminado. Además existe una preocupación por elaborar una documentación completa para que pueda realizarse la verificación de cada representación. Algunos de los conceptos importantes en este tipo de modelos son:

Verificación y Validación. Para asegurarse de que los pasos de los procesos producen los productos de trabajo correctamente se hace uso de la Verificación y Validación. La Verificación confirma que los productos de trabajo reflejan apropiadamente los requerimientos especificados. La Validación confirma la conveniencia o valor de un producto de trabajo para su misión operativa [16].

Mejora de procesos. Consiste en diseñar un programa de actividades para mejorar el desempeño y madurez de los procesos [16]. Una forma muy común de mejorar los procesos relacionados al software es por medio de los modelos de procesos de software con alcance organizacional. Esto se debe a que éstos proporcionan una guía para implementar procesos de manera progresiva mejorando las capacidades de la organización.

Capacidad de Procesos. Es la habilidad inherente de un proceso para producir resultados planeados. Conforme se mejore la capacidad de un proceso, éste llega ser predecible y medible y se eliminan o controlan las causas de una pobre calidad y productividad [16].

Madurez organizacional. Por medio de la mejora continua de la capacidad de los procesos se logra madurez en la organización. La madurez abarca no solo la capacidad de desarrollar un solo proyecto, sino también la aplicación de procesos estándares a lo largo de toda la organización. Se mantienen los procesos y se entrena al personal en su aplicación. Los proyectos se adaptan a los procesos para cumplir con sus necesidades. Una vez que se ponen en funcionamiento dichos procesos, la organización puede comenzar a medir su efectividad y mejorarlos basándose en las mediciones [16].

Planificación detallada y completa. En la búsqueda de predicción, estos modelos han empleado diversas técnicas de estimación y de planificación utilizadas en la administración. Esto con la finalidad de determinar los diferentes tipos de recursos: costo, tiempo, personal, etc. que se requerirán para los proyectos. Es muy común que con escasos conocimientos del proyecto se requieren estimaciones de los recursos que se emplearán durante todo el proyecto, de ahí que se utilicen diversas técnicas de estimación desde las más simples hasta las muy elaboradas. Sin embargo, la mayoría requieren de un conjunto de datos históricos, por lo que muchos modelos indican la recolección de datos para considerarlos en una estimación posterior.

Estos modelos han proporcionado un camino a seguir razonablemente efectivo para los equipos de trabajo. Por lo que han propiciado la estandarización, porque intentan reunir esas prácticas (actividades) que ya han sido probadas y han mostrado su efectividad (mejores o buenas prácticas). Para así ponerlas a disposición de toda la comunidad a través de un medio que puede ser desde un documento hasta un estándar o una norma.

Los modelos de procesos prescriptivos requieren soporte de la administración, infraestructura organizacional y un ambiente donde los practicantes entiendan la importancia de los procesos en su trabajo personal y en el éxito de la empresa. La administración debe entender que los procesos son vitales para la entrega del producto y que evadirlos puede agregar costo y riesgos. La infraestructura incluye repositorios de procesos que impulsan el re-uso, el entrenamiento en procesos y la documentación y mantenimiento de los mismos.

Los llamados ciclos de vida como el modelo en cascada, incremental, por prototipos, espiral, etc. son modelos prescriptivos que se centran en las actividades del desarrollo y mantenimiento de software.

Por otro lado, existen modelos prescriptivos con un alcance mayor, donde se consideran las actividades básicas del desarrollo y las actividades de soporte. Algunos ejemplos son ISO 12207, CMMI y MoProSoft. Otros como PSP y TSP son modelos con enfoques muy específicos, el primero personal y el segundo del equipo de trabajo.

2.4 Modelos de Procesos Ágiles

A lo largo de los años de la aplicación de los modelos prescriptivos, han surgido puntos importantes a considerar. Uno de ellos es la adaptación del modelo al problema, proyecto, equipo y a la cultura organizacional. Cuando un proceso busca crear evidencia del seguimiento de cada paso del proceso y se verifica que ésta sea correcta se puede incrementar el grado de burocracia, perdiendo de vista el propio desarrollo del producto.

El otro punto es lo que trae como consecuencia un cambio en los requerimientos del software. Debido a que el enfoque de los modelos es prescriptivo, se exhorta a determinar los recursos que empleará el proyecto que tiene por objetivo desarrollar el software en cuestión. Por lo que si existe una solicitud de cambio en algún punto del proyecto, se debe evaluar el impacto del cambio, volver a determinar los recursos para el proyecto y re-planear las actividades. Esto puede causar retrasos en la entrega del producto. Ahora bien, los cambios en el desarrollo de software van a ser una constante porque las necesidades evolucionan debido a las condiciones del mercado o área de negocio, a la naturaleza del producto, a la tecnología, etc.

De ahí que en los últimos años han salido a la luz varias propuestas con una intención común que es la de agilizar el desarrollo de software. A estas propuestas se les ha llamado Métodos Ágiles. Esta corriente está a favor de procesos más ligeros, centrados en los individuos y en el conocimiento en lugar de la documentación extensa y detallada. Señalando la rigidez y exigencia de las estrategias de prevención y predictibilidad estipuladas en los modelos tradicionales.

Estas propuestas, más que métodos son modelos de procesos porque reúnen prácticas que siguen un determinado flujo. Todos estos modelos se relacionan con cuatro aspectos clave: la auto-organización de los equipos (controlan su propio trabajo), comunicación y colaboración entre el personal involucrado, reconocimiento de que el cambio representa una oportunidad y un especial cuidado en la entrega rápida de software valioso para el cliente [13].

La perspectiva de los Métodos Ágiles se expresan en el Manifiesto Ágil [3] y en un conjunto de 12 Principios [4]. El Manifiesto Ágil establece:

Hemos descubierto mejores formas de desarrollar software, al construirlo por nuestra cuenta y ayudando a otros a hacerlo. A través de este trabajo hemos llegado a valorar:

- A los *individuos y sus interacciones* sobre los procesos y herramientas.
- Al *software funcionando* sobre documentación extensa.
- A la *colaboración del cliente* sobre la negociación del contrato.
- A la *respuesta al cambio* sobre el seguimiento de un plan.

Esto es, aunque los términos a la derecha tienen valor, nosotros valoramos más los aspectos de la izquierda.

Los 12 principios establecen:

1. Nuestra prioridad más alta es satisfacer al cliente a través de la entrega temprana y continua de software valioso.
2. Los cambios en los requerimientos son bienvenidos, incluso en fases tardías del desarrollo. Los procesos ágiles aprovechan al cambio como una ventaja competitiva para el cliente.

3. Entregar con frecuencia software que funcione, desde un par de semanas hasta un par de meses, con preferencia por las escalas de tiempo más breves.
4. La gente de negocios y los desarrolladores deben trabajar juntos cotidianamente a través del proyecto.
5. Construir proyectos con individuos motivados. Proporcionar el ambiente y el soporte que necesitan, y procurarles confianza para que realicen la tarea.
6. El método más eficiente y efectivo de comunicar información hacia y dentro de un equipo de desarrollo es la conversación cara a cara.
7. El software funcionando es la medida primaria de progreso.
8. Los procesos ágiles promueven el desarrollo sostenido. Los patrocinadores, desarrolladores y usuarios deben mantener un ritmo constante indefinidamente.
9. La atención continúa a la excelencia técnica y al buen diseño mejora la agilidad.
10. La simplicidad (el arte de maximizar la cantidad de trabajo no realizado) es esencial.
11. Las mejores arquitecturas, requerimientos y diseños emergen de equipos que se auto-organizan.
12. A intervalos regulares, el equipo reflexiona sobre la forma de ser más efectivo, y ajusta su conducta como consecuencia.

Los conceptos mencionados tanto en el Manifiesto como en los Principios describen el enfoque que rige el desarrollo de software bajo estos modelos. Las prácticas son las que permiten cumplir con este enfoque. Las más conocidas se pueden agrupar de la siguiente manera:

De flujo: Se refieren a cómo se estructuran las prácticas para obtener los resultados deseados. La única práctica de este grupo es el *ciclo corto iterativo e incremental*. Esto significa que el desarrollo de software debe realizarse mediante la repetición de varios periodos de tiempo cortos identificando el inicio y fin de cada uno, entregando al final un incremento en la funcionalidad del software. Esto permite la entrega frecuente y facilita que el proceso sea flexible para responder a los cambios en requerimientos y que sea adaptable a las necesidades de las personas involucradas.

De administración. Son las referentes a la organización del trabajo durante el proceso. Son:

- *Auto-organización del equipo de trabajo.* Significa que los integrantes del equipo definen el enfoque común que su trabajo debe seguir, determinan las tareas a realizar, se asignan sus propias responsabilidades, deciden sobre métodos, principios, formas de trabajo, soluciones a problemas y controlan su propio trabajo.
- *Planificación adaptable.* Indica que se deben identificar los tópicos necesarios para la planificación de acuerdo a las características y contexto del proyecto. No es necesario una planificación completa del proyecto porque los ciclos cortos permiten determinar actividades y hacer estimaciones para cada uno de ellos. Esto permite que gran parte del esfuerzo del equipo de trabajo este concentrado en el desarrollo y no tanto en la planificación del proyecto, contribuyendo a que no exista burocracia.
- *Uso del conocimiento tácito.* La comunicación frecuente y cara a cara es la que facilita que todos los involucrados conozcan la información del proyecto en lugar de documentarla extensamente. Esto no quiere decir que durante el proyecto no se realice ninguna documentación, solo que el énfasis de esta práctica está en documentar lo esencial.
- *Retrospección.* Es la revisión que se realiza frecuentemente sobre la efectividad del proceso, de los métodos y técnicas utilizados. Los integrantes del equipo realizan propuestas para mejorar. Esta práctica permite la adaptabilidad del proceso.

- *Priorización*. Es la identificación de lo que representa más valor para el cliente. El equipo de trabajo se concentra en eso durante los primeros ciclos.

De comunicación-colaboración. Son las relativas a cómo interactúan las personas involucradas en el desarrollo del producto de software. Entre éstas se encuentran:

- *Involucramiento del cliente o de conocedores del área de negocio.* Significa que las personas que conocen el área de negocio colaboran con el equipo de desarrollo. Participan determinando los requerimientos del producto de software a desarrollar. Colaboran para validar el producto de software y retroalimentar mediante sus observaciones. Estas contribuciones facilitan y ahorran tiempo en la recolección de requerimientos y la validación del software.
- *Comunicación efectiva.* La conversación cara a cara propicia que existan más probabilidades de que la información que se intercambia sea entendida y que se aclaren las dudas en ese momento. Puede ser que se ocupe menos tiempo comunicarse de esta forma que escribiendo formalmente lo que se desea comunicar. La perspectiva de Alistar Cockburn [14] sobre este tema se describe citando que el desarrollo de software es un "juego cooperativo de comunicación". Esto implica que el progreso está ligado al esfuerzo que se emplea para que la información se transmita de una persona a otra. Sin embargo, esto no quiere decir que necesariamente los integrantes del equipo deben trabajar físicamente juntos, se pueden utilizar los medios electrónicos para comunicarse. Menos aún que el desarrollo de software no pueda realizarse por varios equipos. Hay proyectos documentados donde se utiliza un modelo ágil que es escalado para trabajar con varios equipos de trabajo distribuidos [17].

Además de todas estas prácticas, destacan el enfoque de la Simplicidad. La cual se menciona frecuentemente en la literatura de estos modelos y va a depender del contexto. Se puede aplicar, por ejemplo al diseño, realizando solo el diseño para las funcionalidades que se requieren no para prever funcionalidades futuras. También se puede aplicar a la forma de dar seguimiento a las tareas, escribiendo cada una en una tarjeta y separando las que ya se realizaron y las pendientes. En pocas palabras es no perder de vista el resultado que se desea, encontrando medios sencillos para lograrlo.

Los modelos ágiles tienen dependencias de las personas que los utilizan como:

- Necesitan que exista una relación cercana entre los desarrolladores y el cliente e involucrados con el área de negocio, tanto para el entendimiento de los requerimientos como para obtener retroalimentación. Esto depende de un cliente informado e involucrado.
- Debe haber una aceptación cultural para que en el ambiente laboral exista tanto libertad suficiente para que un equipo se auto-organice, como confianza de que cada quien hace lo mejor para el proyecto y para la organización. Los integrantes del equipo de trabajo deben sentirse cómodos con esta forma de trabajar.
- Se requiere una masa crítica de integrantes del equipo altamente motivados, auto-disciplinados y con conocimientos sólidos.
- Los integrantes del equipo de trabajo deben retener y actuar sobre el conocimiento tácito, debido a que la documentación y el diseño se mantienen al mínimo.

Algunos ejemplos de estos modelos son: eXtreme Programming (XP) [18], Scrum [12], Adaptive Software Development (ASD) [19], Crystal [20] y Feature Driven Development (FDD) [21].

2.5 Balance entre los dos enfoques

Algunas de las prácticas ágiles no son nuevas o son adaptaciones de otros conceptos de Ingeniería de Software, pero los modelos ágiles las han organizado y sus promotores han documentado muchas de sus aplicaciones. Por lo que los modelos de procesos se perfilan como una propuesta prometedora. Sin embargo, la variabilidad de los contextos y circunstancias donde se desarrolla el software pone en duda si siempre es aplicable un modelo ágil o un modelo prescriptivo. Por un lado se encuentra la fuerte dependencia de los modelos ágiles con las cualidades de las personas involucradas, se requiere que sean participativas, disciplinadas y con conocimientos sólidos. Por otro lado, se encuentra la falta de adaptabilidad de los modelos prescriptivos y la aspiración de ejercer fuerte guía para que las personas sigan los procesos. También existe el hecho innegable de que el desarrollo de software es una actividad intelectual que no siempre requiere una fuerte guía y que tampoco es una constante que las personas siempre van a colaborar o van a contar con los conocimientos necesarios.

Por lo tanto, en últimas fechas ha surgido una atención especial tanto en la identificación de correspondencias entre modelos prescriptivos y prácticas ágiles, como a su combinación. Por ejemplo existen casos documentados sobre la correspondencia de prácticas de administración de proyectos de CMMI con prácticas de Scrum [22] y el caso donde se combinan estas prácticas [23]. Todo esto en la búsqueda de balancear rigidez y flexibilidad en la implementación de un modelo de procesos. Barry Bohem propone un método para balancear esto con base en cinco factores: tamaño, criticidad, dinamismo, personal y cultura [16].

Tanto los modelos prescriptivos como los ágiles, tienen una meta en común: desarrollar software de alta calidad que satisfaga las necesidades del cliente [13].

En este trabajo se propone combinar Scrum con MoProSoft por lo que en las siguientes secciones se describirá MoProSoft, Scrum y la propuesta de la combinación: MPS-Scrum.

3. Modelo de Procesos para la Industria del Software (MoProSoft)

3.1 Introducción

En esta sección se presentan algunos aspectos de MoProSoft. Se comienza con su historia hablando al final de su importancia en el presente ámbito internacional. Después se describe su estructura y finalmente se muestra un extracto de los procesos de la Categoría de Operación.

3.2 Historia

MoProSoft surge como parte del Programa para el Desarrollo de la Industria del Software [24] (PROSOFT) originado por una iniciativa del gobierno de México. Bajo este programa se determinaron siete estrategias, entre ellas está la de Alcanzar niveles internacionales en capacidad de procesos. Esta estrategia tiene la finalidad de impulsar la normalización de las mejores prácticas en la producción de sistemas entre las empresas y el reconocimiento de sus capacidades. Después de un análisis de modelos y normas de procesos de software existentes, se llegó a la conclusión de que era necesario crear un modelo mexicano que tuviera las siguientes características:

- Específico para el desarrollo y mantenimiento de software.
- Fácil de entender (comprensible).
- Definido como un conjunto de procesos.
- Práctico y fácil de aplicar, sobre todo en organizaciones pequeñas.
- Orientado a mejorar los procesos para contribuir a los objetivos del negocio y no simplemente ser un marco de referencia de certificación.
- Debe de tener un mecanismo de evaluación o certificación, que indique un estado real de una organización durante un periodo de vigencia específico.
- Aplicable como norma mexicana [25].

A partir de junio del 2002 se propuso crear una norma que contemple un modelo de procesos, modelo de capacidades de procesos y método de evaluación. Desde el 2002 hasta el 2004 se elaboraron estos modelos y el método antes mencionados y durante la segunda mitad del año 2004 y principios de 2005 se realizaron las pruebas controladas en 4 empresas, implementando todos los procesos de MoProSoft. Al término de las pruebas todas las empresas, en promedio, elevaron un nivel de capacidad en cada proceso. Finalmente, se crea la norma mexicana NMX-I-059-NYCE-2005, bajo el nombre: Tecnología de la Información-Software-Modelos de procesos y de evaluación para desarrollo y mantenimiento de software [25].

La importancia que ha tomado MoProSoft en los últimos años se debe a la relevancia que han tomado las empresas pequeñas y medianas que se dedican al desarrollo y mantenimiento de software. La mayoría de la industria de software se compone de este tipo de empresas. Esto ha originado iniciativas como la de Mejora de Procesos para Fomentar la Competitividad de la

Pequeña y Mediana Industria del Software de Iberoamérica (COMPETISOFT) [26] y la de WG24 de ISO/IEC [27], las cuales han tomado como base MoProSoft.

3.2 Estructura

La última versión de MoProSoft es la denominada versión coloreada por niveles de capacidades. Las partes coloreadas del modelo sugieren un orden de implementación de las prácticas de los procesos de MoProSoft partiendo de las prácticas básicas correspondientes al nivel 1 e incorporando las que corresponden a niveles más avanzados. La muestra la correspondencia entre los niveles de capacidades de procesos y los colores.

Nivel	Capacidad de proceso	Color
1	Realizado	amarillo
2	Gestionado	azul
3	Establecido	verde
4	Predecible	rosa
5	Optimizado	ninguno

Tabla 1. Niveles de capacidades de MoProSoft [2].

MoProSoft está constituido por nueve procesos distribuidos en tres categorías: Alta Dirección, Gerencia y Operación que reflejan la estructura de una organización. En la Figura 1 se muestra dicha estructura.

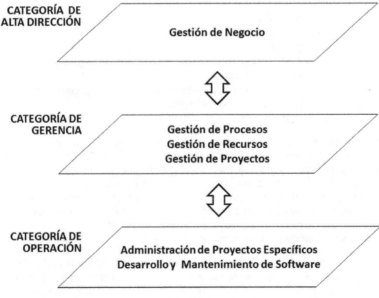

Figura 1. Estructura de MoProSoft formada por tres categorías.

Categoría de Alta Dirección. Esta categoría aborda las prácticas relacionadas con la gestión del negocio. Proporciona los lineamientos a los procesos de la Categoría de Gerencia y se retroalimenta con la información generada por ellos. Incluye un solo proceso:

- *Gestión de Negocio.* Tiene como propósito establecer la razón de ser de la organización, sus objetivos y las condiciones para lograrlos

Categoría de Gerencia. Esta categoría aborda las prácticas de gestión de procesos, proyectos y recursos en función de los lineamientos establecidos en la Categoría de Alta Dirección. Proporciona los elementos para el funcionamiento de los procesos de la Categoría de Operación, recibe y evalúa la información por éstos y comunica los resultados a la Categoría de Alta Dirección. Incluye los siguientes procesos:

- *Gestión de Procesos.* Su propósito es establecer los procesos de la organización, así como definir, planificar e implantar las actividades para mejorar los mismos.
- *Gestión de Proyectos.* Su propósito es asegurar que los proyectos contribuyan al cumplimiento de los objetivos y estrategias de la organización.
- *Gestión de Recursos.* Su propósito es conseguir y dotar a la organización de los recursos humanos, infraestructura, ambiente de trabajo y proveedores, así como de crear y mantener la base de conocimiento de la organización, con la finalidad de apoyar al cumplimiento de los objetivos de la organización. Este proceso contempla procesos por separado:
    - o Recursos Humanos y Ambiente de Trabajo. Su objetivo es proporcionar los recursos humanos y adecuados para cumplir las responsabilidades asignadas a los roles dentro de la organización, así como la evaluación del ambiente de trabajo.
    - o Bienes, Servicios e Infraestructura. Su propósito es proporcionar proveedores de bienes, servicios e infraestructura que satisfagan los requisitos de adquisición de los procesos y proyectos de la organización.
    - o Conocimiento de la Organización. La finalidad de este proceso es mantener disponible y administrar la base de conocimiento que contiene la información y los productos generados por la organización.

Categoría de Operación. Categoría de procesos que aborda las prácticas de los proyectos de desarrollo y mantenimiento de software. Esta categoría realiza las actividades de acuerdo a los elementos proporcionados por la Categoría de Gerencia y entrega a ésta la información y productos generados. Incluye dos procesos:

- *Administración de Proyectos Específicos.* La finalidad de este proceso de este proceso es establecer y llevar a cabo sistemáticamente las actividades que permitan cumplir con los objetivos de un proyecto en tiempo y costo esperados.
- *Desarrollo y Mantenimiento de Software.* El objetivo es la realización sistemática de las actividades de análisis, diseño, construcción, integración y pruebas de productos de software nuevos o modificados cumpliendo con los requerimientos especificados.

3.3 Categoría de Operación

El interés del trabajo que se presenta en este documento se encuentra en los procesos de esta categoría. Debido a que una de las bases de este trabajo es Scrum y su ámbito es sobre la administración de proyectos de desarrollo de software. Por lo que se expone a continuación un extracto de cada uno de los procesos de esta categoría.

3.3.1 Administración de Proyectos Específicos (APE)

El propósito de este proceso es realizar las actividades que conduzcan al cumplimiento de los objetivos del proyecto en tiempo y costo esperados. Entre sus objetivos se encuentran el de mantener al Cliente informado del avance del proyecto y atender las solicitudes de cambios que realice.

Entre los productos más importantes a elaborar en este proceso se encuentran el Plan de Proyecto y el Plan de Desarrollo. El primero es la guía para la ejecución y control del proyecto, incluye el costo y tiempo estimados, calendario, equipo de trabajo, riesgos y la forma de entrega. El segundo es la guía para el desarrollo o mantenimiento de software, incluye el proceso específico a seguir, la descripción de los entregables y el calendario a seguir.

Los roles principales que intervienen en este proceso son el Cliente, el Responsable de Administración del Proyecto Específico y el Responsable de Desarrollo y Mantenimiento de Software. El primero se encarga de generar el Plan de Proyecto y de la mayoría de las actividades de este proceso, desde la revisión inicial de la Descripción del Proyecto hasta el cierre del mismo. El Responsable de Desarrollo y Mantenimiento se encarga de generar el Plan de Desarrollo y de participar en las actividades que tienen que ver con la estimación de tiempo, identificación de riesgos, definición del Equipo de Trabajo y de las tareas a realizar durante el proyecto.

Las actividades que contempla este proceso son:

A1. Planificación. Comprende una serie de sub-actividades que indican la planificación de todos los aspectos de un proyecto y la preparación del siguiente ciclo.

A2. Realización. Consiste en un conjunto de sub-actividades para distribuir la información, para asignar responsabilidades y para registrar el avance del proyecto.

A3. Evaluación y Control. Abarca las sub-actividades para evaluar la ejecución del proyecto de acuerdo a lo planeado, para dar seguimiento a los riesgos y para generar los reportes del proyecto.

A4.Cierre. Incluye sub-actividades para formalizar el ciclo o cerrar el proyecto, para entregar los productos y para registrar las lecciones aprendidas.

En este proceso se incluye la verificación y validación tanto del Plan de Proyecto como el Plan de Desarrollo para asegurar que sus elementos sean viables y consistentes [2].

3.3.2 Desarrollo y Mantenimiento de Software (DMS)

El propósito de este proceso es la ejecución de las actividades de análisis, diseño, construcción, integración y pruebas de productos de software nuevos o modificados cumpliendo con los requerimientos especificados. Entre sus objetivos está el de realizar las actividades de las fases de un ciclo de acuerdo a lo que se establezca en el Plan de Desarrollo.

Los productos más importantes que se construyen en este proceso son el Software, la Especificación de Requerimientos, el documento de Análisis y Diseño, los Planes de Pruebas y la Configuración del Software.

Los roles principales que intervienen en este proceso son el Equipo de Trabajo y el Responsable de Desarrollo y Mantenimiento de Software. El primero se compone de todos los roles necesarios para el desarrollo de Software como Analista, Diseñador, Diseñador de Interfaz de Usuario, Programador y Responsable de Pruebas. El Responsable de Desarrollo y Mantenimiento de Software se encarga de reportar el avance de las actividades y de mantener la Configuración del Software acorde con el desarrollo.

Las actividades que contempla este proceso son:

A1. Realización de la fase de Inicio. Contempla la revisión del Plan de Desarrollo con el Equipo de Trabajo para lograr un entendimiento común y obtener su compromiso con el proyecto.

A2. Realización de la fase de Requerimientos. Comprende todas las sub-actividades para especificar los requerimientos del producto de software, para planear las pruebas de sistema y la documentación de usuario.

A3. Realización de la fase de Análisis y Diseño. Se compone de las sub-actividades para diseñar los componentes del producto de software y para planear las pruebas de integración.

A4. Realización de la fase de Construcción. Consiste en la serie de sub-actividades para la construcción de los componentes del producto de software y para la realización de las pruebas unitarias de los componentes.

A5. Realización de la fase de Integración y Pruebas. Contempla las sub-actividades para integrar los componentes del producto de software, para realizar las pruebas y para completar la documentación de usuario.

A6. Realización de la fase de Cierre. Comprende la elaboración de la documentación para el mantenimiento, para liberar el producto de software y para registrar las lecciones aprendidas.

Entre las principales verificaciones y validaciones que incluye este proceso están las de la Especificación de Requerimientos, el Plan de Pruebas de Sistema, Análisis y Diseño, el Plan de Pruebas de Integración, Manual de Usuario, Manual de Operación y Manual de Mantenimiento [2].

4. Scrum

4.1 Introducción

En la presente sección se describen las bases del proceso Scrum. Se consultaron dos fuentes, el libro "Agile Project Management with Scrum" [12], cuyo autor es uno de los creadores de Scrum y el sitio web oficial "Scrum Alliance" [28] . Primero se habla de lo que es Scrum y de su origen. Después se describe uno de los aspectos más importantes de Scrum: su enfoque empírico. Posteriormente se proporciona una idea sobre cómo se realiza las iteraciones, se especifican los roles, productos y el flujo de los eventos de Scrum, además, se detallan estos eventos en forma de reglas. Finalmente, se expone brevemente algunos casos de éxito documentados, de la aplicación de Scrum.

4.2 Definición

Scrum se le considera como un marco de trabajo ágil para desarrollar software. El trabajo se organiza en ciclos llamados Sprints, son iteraciones de trabajo que típicamente duran de dos a cuatro semanas. Durante cada Sprint, el equipo selecciona un conjunto de requerimientos del cliente de una lista priorizada, así que las características que son desarrolladas al principio son las de más alto valor para el cliente. Al final de cada Sprint se entrega un producto de software con las propiedades para ejecutarse en el ambiente requerido por el cliente [29].

Scrum no es un proceso prescriptivo, no describe qué hacer en cada circunstancia. Scrum es utilizado para trabajo complejo en el que es imposible predecir todo lo que ocurrirá. Acorde a esto, Scrum solo ofrece un marco de trabajo y un conjunto de prácticas que mantienen todo visible y guían los esfuerzos para obtener el resultado más valioso posible [12].

Scrum permite adaptación, inspección continúa y propicia la innovación. Esto puede producir un producto útil para el cliente, puede desarrollar el espíritu del equipo y satisfacción el trabajo, generar alta productividad y satisfacción del cliente, logrando las metas financieras propuestas y del mercado [30].

Para mantener la consistencia con Scrum, se mantendrán los términos de sus roles, productos de trabajo y eventos en el idioma de origen, el Inglés.

4.3 Origen

Jeff Sutherland creo el proceso Scrum en 1993, el término "scrum" lo tomó prestado de una analogía publicada por Takeuchi y Nonaka en un estudio de 1986, en Harvard Business Review. En ese estudio los autores comparan los equipos de alto desempeño interdisciplinarios con la formación scrum utilizada por los equipos de rugby. Ken Schwaber formalizó el proceso para la industria de software mundial en el primer artículo de Scrum publicado en Object Oriented Programming, Systems, Languages & Applications (OOPSLA) en 1995 [29].

4.4 Proceso con enfoque empírico

Ken Schwaber, autor de [12], enfatiza el enfoque empírico de Scrum desde los primeros artículos sobre este proceso [31]. Explica este enfoque en contraposición con un enfoque definido (teórico). Éste último es aplicable cuando todo sobre el proceso es conocido, puede ejecutarse repetidamente con resultados predecibles y con una calidad aceptable. En cambio un enfoque empírico es aplicable cuando no se conoce todo sobre el proceso, solo se conocen aspectos generales, por lo tanto se requiere observación y control cercanos con intervención frecuente.

Las características del desarrollo de software no son las de un proceso con un enfoque definido. No siempre se conocen todos los aspectos que intervienen en el proceso de desarrollar un producto de software, un ejemplo claro son los requerimientos. Éstos son diferentes para cada proyecto porque obedecen a necesidades específicas de diferentes usuarios. Por lo que el autor adopta este enfoque para Scrum. Explica los tres aspectos que sostienen este enfoque:

Visibilidad. Aquellos aspectos del proceso que afectan el resultado deben ser visibles a quienes controlan el proceso y además deben ser reales.

Inspección. Se debe revisar frecuentemente los aspectos del proceso para detectar variables inaceptables. La frecuencia de la inspección debe considerarse porque los procesos son cambiados por el propio acto de la inspección. El otro factor de la inspección es el inspector, quien debe poseer las habilidades para evaluar lo que está inspeccionando.

Adaptación. Si el inspector determina, de acuerdo a la inspección, que uno o más aspectos del proceso están fuera de los límites aceptables y que el producto resultante será inaceptable, el inspector debe ajustar el proceso o el material que está siendo procesado. El ajuste debe hacerse tan rápido como sea posible para minimizar la desviación.

Scrum se encarga de la complejidad del desarrollo de software implementando la inspección, adaptación y visibilidad con un conjunto de prácticas y reglas simples [12].

4.5 Estructura y funcionamiento de Scrum

Scrum coloca todas sus prácticas en un proceso con estructura iterativa e incremental. Esto se muestra en la Figura 2. El círculo inferior representa una iteración que ocurre una después de otra y consiste de las actividades de desarrollo. La salida de la iteración es un incremento del producto. El círculo superior representa la inspección diaria que tiene lugar durante la iteración, en la cual los miembros del equipo se reúnen para inspeccionar las actividades de todos y hacer las adaptaciones apropiadas. La iteración la dirige la lista de requerimientos (Product Backlog). Este ciclo se repite hasta que ya no existe financiamiento para el proyecto.

El funcionamiento es así: Al comienzo de la operación, el equipo revisa lo que debe hacer, selecciona lo que cree que se puede convertir en un incremento de la funcionalidad potencialmente entregable (Increment of Potentially Shippable Product Functionality). El equipo trabaja, de manera independiente, haciendo su mejor esfuerzo en el resto de la iteración. Al final de la iteración, el equipo presenta el incremento de la funcionalidad, éste es construido de tal forma que, los involucrados pueden inspeccionar la funcionalidad y hacer adaptaciones al proyecto oportunamente.

El núcleo de Scrum es la iteración. El equipo examina los requerimientos, considera la tecnología disponible y evalúa sus propias habilidades y capacidades. Entonces, determina colectivamente como construir la funcionalidad, modificando su enfoque diariamente conforme encuentra nuevas complejidades, dificultades y sorpresas. El equipo entiende qué necesidades deben resolverse y selecciona la mejor manera de hacerlo. Este proceso creativo es el centro de la productividad de Scrum.

Scrum implementa este esqueleto iterativo incremental a través de 3 roles que se explican en la próxima sección [12].

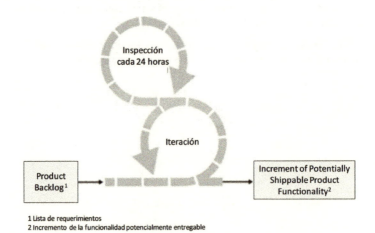

Figura 2. Estructura de Scrum [12].

4.6 Roles de Scrum

Scrum tiene tres roles: Product Owner, ScrumMaster y Team.

Product Owner. Representa a quien tienen un interés en el proyecto y en el producto resultante. Define los requerimientos del producto a desarrollar durante el proyecto. Consigue el financiamiento inicial y continuo para el proyecto. Define los objetivos del retorno de inversión (ROI-Return of Investment) y planea cómo se va a liberar el producto. Se debe asegurar que la funcionalidad más valiosa se produce primero, priorizando los requerimientos de acuerdo al mercado o al área de negocio [12]. Más de sus responsabilidades son:

- Ajustar los requerimientos y sus prioridades a lo largo de todo el proyecto.
- Aceptar o rechazar el contenido del producto de software.
- Decidir sobre la fecha de liberación del producto de software.
- Se encarga de la reunión Scrum Planning [32].

El valor del Product Owner dentro de Scrum es que es responsable del ROI, esto significa que selecciona la funcionalidad que resuelve problemas críticos de negocio y Scrum la ajusta conforme el proyecto avanza [12].

Scrum Master. Es el líder que facilita el trabajo [32]. Es responsable del proceso de Scrum, de enseñarlo a cada uno de los involucrados en el proyecto, si es necesario. Se asegura de que cada uno sigue las reglas y prácticas. Hace que Scrum sea parte de la cultura de la organización mostrando sus beneficios. Trabaja muy de cerca con Product Owner [12]. Tiene tres responsabilidades elementales, además de guiar la reunión Daily Scrum:

1. Conocer las tareas completas, qué tareas han comenzado, las nuevas y los estimados qué han sido cambiados. Con estos datos se puede actualizar Burndown Chart, la cual muestra el trabajo acumulado que hace falta día a día. El ScrumMaster debe observar cuidadosamente el número de tareas que aún están pendientes.
2. Identificar dependencias y barreras que representen impedimentos para Scrum. Los debe priorizar y darles seguimiento implementando un plan de acción para resolverlos de acuerdo al orden de prioridad. Algunos pueden resolverse con el equipo, otros con los demás equipos o bien, se debe involucrar a la administración cuando se traten de asuntos de la compañía que bloqueen la capacidad de producción del equipo.
3. Observar problemas o conflictos personales que deben resolverse. Se requiere que ScrumMaster apoye para que el equipo los resuelva mediante el diálogo o bien, puede solicitar ayuda de la administración o de Recursos Humanos [32].

También tiene las siguientes obligaciones:

- Asegurarse de que el equipo es completamente funcional y productivo.
- Hacer posible una cooperación cercana de todos los roles.
- Evitar que el equipo reciba interferencias externas.
- Asegurarse que se sigue todo lo relacionado con las reuniones Daily Scrum, Sprint Review y Sprint Planning (Ver 4.8 Flujo de Scrum).

El valor del ScrumMaster dentro de Scrum es administrar el proceso, asegurándose de que se ejecutan las prácticas de Scrum. Además mantiene el balance entre el trabajo de desarrollo por parte de Team y su responsabilidad adquirida con los requerimientos seleccionados para cada Sprint, evitando que factores externos interrumpan el trabajo y cuidando que el proyecto sea dirigido por lo que representa más valor para el cliente.

Team. Es un equipo interdisciplinario con 7 integrantes, pudiera contar con más-menos 2 integrantes [32]. Son los encargados de conocer cómo convertir los requerimientos en un incremento de la funcionalidad y realiza el trabajo necesario para desarrollar dicho incremento. Además son responsables del éxito de cada iteración y del proyecto en su conjunto. Se espera que sea auto-administrable y auto-organizado [12]. También:

- Selecciona la meta del Sprint, que es el conjunto de requerimientos que puede convertir en un incremento de la funcionalidad para el siguiente Sprint.
- Hace lo posible para alcanzar la meta del Sprint, dentro de los límites del proyecto.
- Entregar los resultados del trabajo a Product Owner [32].

El valor de Team dentro de Scrum es el de administrarse el mismo. Tiene la autoridad para hacer lo necesario para cumplir con la meta del Sprint y trabajar dentro de las guías, estándares y convenciones de la organización y de Scrum [12].

4.7 Productos de Scrum

Scrum tiene unos cuantos productos que son utilizados a lo largo del proceso de Scrum.

Product Backlog. Se listan los requerimientos funcionales y no funcionales del sistema o del producto que se está desarrollando. Product Owner es responsable de su contenido, priorización y disponibilidad. El Product Backlog es dinámico nunca está completo. Debe ir evolucionando conforme evoluciona el producto y el ambiente en el cual será utilizado el producto. Esto con la finalidad de identificar lo que el producto necesita para que sea útil, apropiado y competitivo. Un ejemplo se muestra en la Figura 3.

Backlog Description / Title Import	Initial Estimate	Adjustment Factor	Adjusted Estimate	Work remaining until completion						
				1	2	3	4	5	6	7
Title Import				256	209	193	140	140	140	140
Project selection or new	3	0.2	3.6	3.6	0	0	0	0	0	0
Template backlog for new projects	2	0.2	2.4	2.4	0	0	0	0	0	0
Create product backlog worksheet with formatting	3	0.2	3.6	3.6	0	0	0	0	0	0
Create sprint backlog worksheet with formatting	3	0.2	3.6	3.6	0	0	0	0	0	0
Display tree view of product backlog, releases, sprints	2	0.2	2.4	2.4	0	0	0	0	0	0
Sprint-1	13	0.2	15.6	16	0	0	0	0	0	0
Create a new window containing product backlog template	3	0.2	3.6	3.6	3.6	0	0	0	0	0
Create a new window containing sprint backlog template	2	0.2	2.4	2.4	2.4	0	0	0	0	0
Burndown window of product backlog	5	0.2	6	6	6	0	0	0	0	0
Burndown window of sprint backlog	1	0.2	1.2	1.2	1.2	0	0	0	0	0
Display tree view of product backlog, releases, prints	2	0.2	2.4	2.4	2.4	0	0	0	0	0
Display burndown for selected sprint or release	3	0.2	3.6	3.6	3.6	0	0	0	0	0
Sprint-2	16	0.2	19.2	19	19	1.2	0	0	0	0
Automatic recalculating of values and totals	3	0.2	3.6	3.6	3.6	3.6	0	0	0	0
As changes are made to backlog in secondary window, update burndown graph on main page	2	0.2	2.4	2.4	2.4	2.4	0	0	0	0
Hide/automatic redisplay of burndown window	3	0.2	3.6	3.6	3.6	3.6	0	0	0	0
Insert Sprint capability ....adds summing Sprint row.	2	0.2	2.4	2.4	2.4	2.4	0	0	0	0
Insert Release capability...adds summary row for backlog in Sprint	1	0.2	1.2	1.2	1.2	1.2	0	0	0	0
Owner / assigned capability and columns optional	2	0.2	2.4	2.4	2.4	2.4	0	0	0	0
Print burndown graphs	1	0.2	1.2	1.2	1.2	1.2	0	0	0	0
Sprint-3	14	0.2	16.8	17	17	17	0	0	0	0
Duplicate incomplete backlog without affecting totals	5	0.2	6	6	6	6	6	6	6	6
Note capability	6	0.2	7.2	7.2	7.2	7.2	7.2	7.2	7.2	7.2
What-if release capability on burndown graph	15	0.2	18	18	18	18	18	18	18	18
Trend capability on burndown server	2	0.2	2.4	2.4	2.4	2.4	2.4	2.4	2.4	2.4
Publish facility for entire project, publishing it as HTML web pages	11	0.2	13.2	0	0	13	13	13	13	13
Future Sprints	39	0.2	46.8	34	34	47	47	47	47	47
Release-1				85	70	65	47	47	47	47

Figura 3. Ejemplo de Product Backlog [12].

Esta hoja de cálculo es el Product Backlog de un proyecto para desarrollar un producto de software que ayude a administrar proyectos con Scrum. Las filas son los ítems del Product Backlog y están separadas por los Sprint's que constituyen la primer versión del producto (release). Las filas entre el Sprint 1 y Sprint 2 son los requerimientos que fueron implementados en el Sprint 2. Se puede observar que la fila "Display tree view of product backlog, releases, sprints" está duplicado en el Sprint 1 y 2. Esto es debido a que ese requerimiento no se completó en el Sprint 1, así que se movió al Sprint 2 y Product Owner decidió que era la de más baja prioridad para ese Sprint. También, se puede observar que se describió la mayoría de los requerimientos al comienzo del proyecto, con excepción del ítem "Publish facility for entire Project, publishing it as HTML web pages" que aparece hasta el Sprint 3, debido a que Product Owner lo incluyó en ese Sprint.

Las primeras cuatro columnas son: nombre del Product Backlog, el estimado inicial (en días), el factor de complejidad y el estimado ajustado. El factor de complejidad incrementa el estimado debido a las características del proyecto. Las columnas restantes representan los Sprint's en los que se desarrolló el Product Backlog.

Los ítems en el Product Backlog para futuros Sprints no se detallan. No es necesario hacerlo hasta que el equipo comience a trabajar en ellos, así que no tiene caso emplear tiempo en analizarlos y estimarlos.

Burndown Chart muestra la cantidad de trabajo que resta a través del tiempo. Este producto es una manera de visualizar la correlación entre la cantidad de trabajo que hace falta y el progreso que Team ha realizado para reducir el trabajo del proyecto. Si se traza una línea que indique la tendencia de cómo el equipo está terminando con el trabajo, en la intersección con el eje horizontal se señalará el momento más probable en que el equipo terminará todo el trabajo. Un ejemplo de Burndown Chart se muestra en Figura 4. Este producto muestra el trabajo que ya se realizó y qué tan rápido se está realizando.

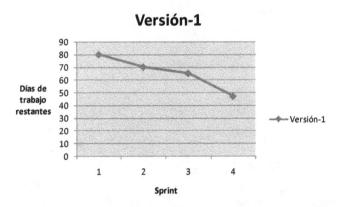

Figura 4. Ejemplo de Burndown Chart [12].

Sprint Backlog. Contiene las tareas que Team define para convertir los ítems seleccionados del Product Backlog en un incremento de la funcionalidad del producto potencialmente entregable, para el presente Sprint. Team recopila una lista inicial de estas tareas durante la segunda parte de la reunión de planificación del Sprint (Sprint Planning). Las tareas deben dividirse de tal manera que a cada una se le dediquen de 4 a 16 horas, si no es así, entonces hay que definirlas apropiadamente. Una vez que se definen las tareas se estima el número de horas para completarlas. Se compara el total de trabajo estimado con las estimaciones originales del Product Backlog [12]. Si hay una diferencia significativa el equipo puede negociar con Product Owner para conseguir que la cantidad de trabajo se pueda llevar a cabo en un Sprint. La estimación del trabajo de cada tarea debe quedar registrado en el Sprint Backlog por lo que debe haber un espacio para cada día del Sprint donde se registre diariamente el trabajo que se requiere para completar la tarea. Como se muestra en la Figura 5. Solamente Team puede modificarla. Sprint Backlog es una representación actualizada y visible del trabajo que Team planea completar durante el Sprint.

Task Description	Originator	Responsible	Status(Not Started/In Progress/ Completed	Hours of work remaining until completion											
				1	2	3	4	5	6	7	8	9	10	11	12
Meet to discuss the goals and features for Sprint 3-6	Danielle 1	Danielle/Sue	Completed	20	0	0	0	0	0	0	0	0	0	0	0
Move Calculations out of Crystal Reports	2	Allen	Not Started	8	8	8	8	8	8	8	8	8	8	8	8
Get KEG Data	3	Tom	Completed	12	0	0	0	0	0	0	0	0	0	0	0
Analyse KEG Data-Title	4	George	In Progress	24	24	24	24	12	10	10	10	10	10	10	10
Analyse KEG Data-Parcel	5	Tim	Completed	12	12	12	12	12	4	4	4	0	0	0	0
Analyse KEG Data-Encumbrance	6	Josh	In Progress							12	10	10	10	10	10
Analyse KEG Data-Contact	7	Danielle	In Progress	24	24	24	24	12	10	8	6	6	6	6	6
Analyse KEG Data-Facilities	8	Allen	In Progress	24	24	24	24	12	10	10	10	10	10	10	10
Define & build Database	9	Barry/Dave	In Progress	80	80	80	80	80	80	60	60	60	60	60	60
Validate the size of the KEG database	10	Tim	Not Started												
Look at KEG Data on the G:\	11	Dave	In Progress	3	3	3	3	3	3	3	3	3	3	3	3
Confirm agreement with KEG	12	Sue	Not Started												
Confirm KEG Staff Availability	13	Tom	Not Started	1	1	1	1	1	1	1	1	1	1	1	1
Switch JDK to 1.3.1. Run all tests	14	Allen	Not Started	8	8	8	8	8	8	8	8	8	8	8	8
Store PDF files in a structure	15	Jacquie	Completed	8	0	0	0	0	0	0	0	0	0	0	0
Top Link. Cannot get rid of netscape parser	16	Richard	Completed	4	0	0	0	0	0	0	0	0	0	0	0
Build test data repository	17	Barry	In Progress	10	10	10	10	10	10	10	10	8	8	8	8
Move application and database to Qual (incl Crystal)	18	Richard	Completed	4	4	4	4	4	4	4	0	0	0	0	0
Set up Crystal environment	19	Josh	Completed	2	2	2	2	1	1	1	0	0	0	0	0
Test App in Qual	20	Sue	In Progress												20
Defining sprint goal required for solution in 2002	21	Lynne	In Progress	40	40	40	40	40	40	40	38	38	38	38	38
Reference tables for import process	22	Josh	In Progress												
Build standard import exception process	23	Josh	In Progress									12	12	12	10
Handle multiple file imports on same page	24	Jacquie	Disregarded												
Migrate CruiseControl Servlet to iWS 6.0 (landcc_7101) server	25	Allen	Not Started	4	4	4	4	4	4	4	4	4	4	4	4
Create web server for Qual on PF1D8	26	Allen	Completed	1	0	0	0	0	0	0	0	0	0	0	0
LTCS Disk	27	Danielle/George	In Progress	12	12	12	12	8	8	8	8	8	8	8	8
Follow thru with questions about KEG data to Sue/Tom, re:Keg, LTO	28	Danielle	Completed	10	10	10	10	10	8	8	0	0	0	0	0
Map KEG data to Active Tables-se also #14	29	Jacquie/Allen	In Progress	50	50	50	50	50	50	50	50	50	50	50	50
Preparer SQL to import from KEG tables to Active Tables	30	George	In Progress	25	25	25	25	25	25	25	25	25	25	25	25

Figura 5. Ejemplo de Sprint Backlog [12].

Increment of Potentially Shippable Product Functionality. Se requiere que Team construya un incremento de la funcionalidad del producto de software potencialmente entregable, porque Product Owner puede elegir implantar inmediatamente la funcionalidad. Esto requiere que el incremento consista de código probado ampliamente, bien estructurado y bien escrito, es decir, con todas las características para ejecutarse. Además de que cuente con la documentación de usuario correspondiente. Esto es la definición de un incremento "realizado" ("done").

Puede ser que se definan requerimientos adicionales de acuerdo a estándares o convenciones que siga la organización donde se ejecutará el producto [12].

4.8 Flujo de Scrum

A continuación se explica el flujo de los eventos de Scrum que se indica en [12].

Un proyecto de Scrum comienza desarrollando la visión del sistema. Puede ser vaga al principio, posiblemente se puede establecer en términos del mercado en lugar de términos del sistema, pero tiene que irse aclarando conforme el proyecto avance. Product Owner es responsable de encontrar el financiamiento del proyecto para hacer que se obtenga lo que indica la visión del sistema, de tal manera que se maximice el retorno de inversión (ROI). Product Owner formula un plan para hacerlo, así que incorpora un Product Backlog. El Product Backlog es una lista de requerimientos funcionales y no funcionales que, cuando se conviertan en funcionalidad, cumplirán dicha visión. Se prioriza el Product Backlog para que los ítems que probablemente generen más valor sean colocados hasta arriba, así tendrán mayor prioridad. Además se agrupan de acuerdo a las diferentes versiones incrementales que pueda tener. El Product Backlog priorizado es un comienzo y su contenido, prioridades y agrupamiento en versiones, usualmente, cambian durante el proyecto. Los cambios en el Product Backlog reflejan los requerimientos cambiantes del negocio y qué tan rápido o tan lento el Team puede transformarlos en funcionalidad.

Todo el trabajo se realiza en **Sprints**. Cada Sprint es una iteración de 30 días del calendario consecutivos. Cada Sprint se inicia con la reunión de planificación del Sprint: **Sprint Planning Meeting.** Ahí Product Owner y Team colaboran juntos para saber lo que se va a hacer para el próximo Sprint. Product Owner selecciona los requerimientos de más alta prioridad y le dice a Team qué es lo deseado, éste le dice al Product Owner qué tanto puede convertir en funcionalidad para el próximo Sprint. Sprint Planning Meeting no puede durar más de 8 horas.

Sprint Planning Meeting tiene dos partes. En las primeras cuatro horas Product Owner presenta la parte del Product Backlog de más alta prioridad a Team. Éste lo cuestiona acerca del contenido, propósito, significado e intenciones del Product Backlog. También elabora, actualiza o revisa los estimados para los requerimientos y confirma su exactitud tanto como sea posible [33]. Cuando Team conoce lo suficiente y antes de que terminen las primeras 4 horas, selecciona qué tanto del Product Backlog cree que puede convertir en Increment of Potentially Shippable Product Functionality, al final del Sprint. Team se compromete con Product Owner a que realizará su mejor esfuerzo. Durante la segunda parte que también dura 4 horas de la reunión Team planifica el Sprint. Debido a que Team es responsable de administrar su propio trabajo necesita un plan tentativo para comenzar el Sprint. Las tareas que componen este plan se plasman en el Sprint Backlog; conforme se desenvuelve el Sprint pueden surgir más tareas que deben registrarse en el Sprint Backlog.

Cada día el equipo se reúne durante 15 minutos, a esta reunión se le llama **Daily Scrum Meeting**. En ésta cada miembro de Team responde tres preguntas: ¿Qué has hecho desde la última Daily Scrum Meeting con respecto a este proyecto? ¿Qué planeas hacer con respecto a este proyecto, entre este momento y la próxima Daily Scrum Meeting? ¿Qué impedimentos te estorban para cumplir tus compromisos con respecto a este Sprint y este proyecto?. El propósito de la reunión es sincronizar el trabajo diariamente, de todos los miembros de Team y agendar cualquier encuentro que se requiera para continuar trabajando [12]. También se busca tener una visión global del proyecto, descubrir cualquier dependencia, atender las necesidades personales y ajustar el plan de trabajo, de acuerdo a las necesidades del día [33].

Al final de cada Sprint, se lleva a cabo la reunión de revisión del Sprint: **Sprint Review Meeting**. En el primer segmento de máximo 4 horas Team presenta a Product Owner y a cualquier involucrado, lo que se desarrolló durante el Sprint. Es una reunión informal en la que se presenta la funcionalidad y se pretende que la gente aporte y ayude a determinar lo que Team realizará para el próximo Sprint. En el segundo segmento, ScrumMaster y Team sostienen una reunión de retrospectiva. Esta parte de la reunión, que debe durar 3 horas como máximo ScrumMaster exhorta a Team para revisar el proceso de desarrollo, dentro de la estructura del proceso de Scrum y sus prácticas, para hacerlo más efectivo y agradable[1].

Sprint Planning Meeting , Daily Scrum Meeting , Sprint Review Meeting son las prácticas de Scrum que constituyen la inspección empírica y adaptación. La Figura 6 muestra un diagrama del proceso de Scrum.

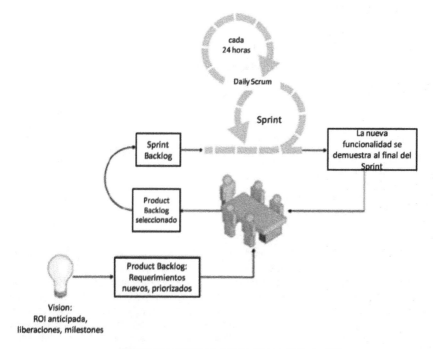

Figura 6. Perspectiva general del proceso de Scrum [12].

---

[1] Existe una diferencia con respecto a esta reunión entre el libro "Agile Project Management with Scrum" y el sitio web oficial de Scrum: "Scrum Alliance". En el primero se habla de dos reuniones y en el segundo de una sola reunión con dos fases, manteniendo las duraciones que menciona el libro. En este documento se eligió la del sitio web: una reunión con dos fases. Esto debido a que el sitio web es más reciente y no hay diferencias de fondo.

4.9 Reglas de eventos de Scrum

En esta sección se describen las reglas para los eventos de Scrum indicadas en [12].

Sprint Planning. Es una reunión con una duración máxima de 8 horas (time-boxed) y consiste de dos segmentos de 4 horas. El primer segmento es para seleccionar el Product Backlog; el segundo segmento es para preparar el Sprint Backlog.

- Los asistentes son ScrumMaster, Product Owner y Team. Se puede invitar a otras personas que proporcionen información del área de negocio o de la tecnología, pero se retiran una vez que proporcionan la información.
- Product Owner debe preparar el Product Backlog antes de la reunión. En caso de que Product Owner se ausente el ScrumMaster debe sustituirlo y construir un Product Backlog adecuado antes de la reunión.
- El objetivo del primer segmento, o de las primeras 4 horas es que Team seleccione los ítems del Product Backlog que cree puede comprometerse para convertirlos en un incremento de la funcionalidad del producto potencialmente entregable, al final del Sprint.
- Team puede hacer sugerencias pero la decisión del contenido del Product Backlog para un Sprint es responsabilidad de Product Owner.
- Team es responsable de determinar cuánto del Product Backlog intentará realizar para el próximo Sprint, de acuerdo a lo que Product Owner señale.
- La duración máxima del primer segmento es de 4 horas lo que significa que es el tiempo disponible para analizar el Product Backlog. Se debe realizar un análisis posterior durante el Sprint. Si los ítems del Product Backlog con la más alta prioridad se describen a alto nivel y con estimados imprecisos puede ser que no sea completamente entendido durante esta parte de la reunión y que Team no complete todos los ítems del Product Backlog que seleccionó.

El segundo segmento de la reunión se realiza inmediatamente después del primero y también tiene una duración máxima de 4 horas.

- Product Owner debe estar disponible durante el segundo segmento para responder preguntas que Team pueda tener respecto al Product Backlog.
- Team actúa por su cuenta y sin ninguna dirección externa, para entender durante este segmento, cómo convertirá los ítems seleccionados del Product Backlog en Increment of Potentially Shippable Product Functionality (incremento de la funcionalidad). No se permite que alguien más haga algo, más que observar o responder preguntas.
- La salida del segundo segmento de esta reunión es el Sprint Backlog, donde se definen las tareas, los estimados de las tareas y las asignaciones con las que comenzará a trabajar Team para desarrollar la funcionalidad. La lista de tareas puede no estar completa, pero debe ser suficiente para reflejar el compromiso común por parte de todos los integrantes de Team. Se debe establecer lo que se va a realizar al menos en la primer parte del Sprint, mientras Team define más tareas en el Sprint Backlog.

Daily Scrum Meeting. Es una reunión con una duración máxima de 15 minutos independientemente del número de integrantes de Team.

- Debe realizarse en el mismo lugar y a la misma hora cada día de trabajo. Es mejor que se realice al principio, así lo primero que hacen los miembros de Team es pensar en lo que necesitan hacer durante el día y cómo planean hacerlo.

- Todos los miembros de Team deben participar. Si por alguna razón un integrante no puede presentarse, debe participar por teléfono o algún otro integrante puede reportar su estatus.
- Los integrantes deben ser puntuales, la reunión comienza a tiempo con quien esté presente. Si alguien llega tarde pagará una multa a ScrumMaster inmediatamente.
- Se comienza la reunión con la persona que se encuentre a la izquierda de ScrumMaster y se sigue en dirección contraria a las manecillas del reloj hasta que todos reporten su estatus.
- Cada integrante de Team responde a las 3 preguntas:
  - ¿Qué has hecho desde la última Daily Scrum Meeting con respecto a este proyecto?
  - ¿Qué planeas hacer con respecto a este proyecto, entre este momento y la próxima Daily Scrum Meeting?
  - ¿Qué impedimentos te estorban para cumplir tus compromisos con respecto a este Sprint y este proyecto?
- Los integrantes de Team no deben salirse del tema más allá de las repuestas a las preguntas.
- Durante Daily Scrum Meeting una persona habla a la vez, no hay conversaciones de fondo.
- Cuando alguien reporta algo de interés para otro integrante o necesita ayuda, inmediatamente se puede acordar reunirse, después de Daily Scrum Meeting.
- No se permite que alguna otra persona ajena hable, haga observaciones, gestos o alguna otra cosa que haga que su presencia sea molesta.
- Las personas ajenas deben permanecer en la periferia y no se les permite que hablen con los integrantes de Team.
- Si asisten demasiadas personas ajenas, ScrumMaster puede limitar la asistencia para que exista orden.
- No se permite que los integrantes de Team hablen con personas ajenas después de la reunión para aclarar algo o proporcionar asesoría o instrucciones.
- Las personas que no estén de acuerdo con las reglas anteriores pueden ser excluidas de la reunión o expulsado de Team.

Sprint. Consiste en 30 días consecutivos del calendario como máximo. Es recomendable esa cantidad de tiempo porque en ese periodo se puede construir algo de interés significativo para Product Owner e involucrados y con las características para ser potencialmente entregable. Este es también el tiempo máximo que puede ser asignado sin que Team emplee mucho trabajo en documentación o artefactos que le den el soporte a su proceso de pensamiento. También es el tiempo en el que los involucrados pueden esperar sin perder el interés en el progreso de Team y sin perder la opinión de que se está realizando algo significativo para ellos.

- Team puede buscar consejo, ayuda, información y soporte externos, durante el Sprint.
- Nadie puede proporcionar instrucciones, comentarios o dirección a Team durante el Sprint sin que Team lo requiera. Team es auto-administrable.
- No se permite cambiar el Product Backlog al que se comprometió Team durante Sprint Planning Meeting. Se congela el Product Backlog hasta el final del Sprint.
- Si el Sprint no es viable ScrumMaster puede terminarlo de manera excepcional e iniciar una nueva Sprint Planning Meeting para iniciar otro Sprint. ScrumMaster puede hacer esto porque Team o Product Owner lo solicitó. Puede ser que el Sprint no sea viable debido a que no se puede trabajar con la tecnología o las condiciones del negocio cambian, así que el actual Sprint no será valioso para el cliente o bien, porque alguien está interfiriendo con Team.
- Si el equipo siente que no va a completar todos los ítems del Product Backlog, puede consultar con Product Owner cuales se pueden remover para el presente Sprint. Si se requiere remover muchos ítems de tal forma que se pierda el valor del Sprint, ScrumMaster puede terminarlo como se mencionó en el punto anterior.

- Si Team determina que puede implementar más ítems del Product Backlog de los seleccionados para el Sprint, puede consultar con Product Owner sobre los ítems que pueden agregarse al Sprint.
- Team tiene dos responsabilidades administrativas: participar en Daily Scrum Meeting y mantener actualizada, disponible y visible el Sprint Backlog. Las tareas nuevas deben agregarse conforme van surgiendo y estimar las horas que se requieren para completarlas día a día.

Sprint Review Meeting. Se divide en dos segmentos. El primero con una duración máxima de 4 horas.

- Team no debe de emplear más de 1 hora para preparar la reunión.
- El propósito es que Team presente la funcionalidad realizada ("done") a Product Owner y a los involucrados. Aunque el significado de que la funcionalidad esté realizada puede variar de organización a organización, usualmente, significa que esté completa desde el punto de vista de ingeniería y que puede ser potencialmente entregable. Si éste no es el significado entonces hay que asegurarse de que Product Owner y los involucrados lo entiendan.
- No se presenta la funcionalidad que no está realizada.
- Los productos que no son la funcionalidad realizada no deben ser presentados, excepto para ayudar a entender lo que se está mostrando. Su uso debe ser minimizado para no confundir a los involucrados o para evitar que requieran entender cómo se desarrollan sistemas.
- La funcionalidad debe presentarse en estaciones de trabajo y ejecutarse en un servidor que se acerque a los utilizados en producción.
- La reunión comienza cuando los integrantes de Team presentan la meta del Sprint, los ítems del Product Backlog a los que se comprometieron y los ítems completados.
- En la mayor parte de la reunión se presenta la funcionalidad, se responden preguntas de los involucrados y se realizan las observaciones de los cambios deseados.
- Al final de la presentación cada uno de los involucrados proporciona sus impresiones, los cambios que desean y la prioridad de éstos.
- Product Owner discute con los involucrados y con Team los ajustes al Product Backlog basados en la retroalimentación.
- Los involucrados son libres de expresar cualquier comentario, observación o crítica relacionados con la funcionalidad presentada.
- Los involucrados pueden identificar la funcionalidad que no fue entregada o que no fue entregada como se esperaba y requerir que tal funcionalidad sea colocada de nuevo en el Product Backlog para su priorización.
- También pueden identificar nueva funcionalidad mientras ven la presentación y requerir que se agregué al Product Backlog para su priorización.
- ScrumMaster debe intentar determinar el número de personas que asistirán a la reunión y establecer lo adecuado para reunirlos.
- Al final de la reunión ScrumMaster anuncia el lugar y la fecha de la próxima reunión de revisión.

El segundo segmento corresponde a la retrospectiva y tiene una duración de 3 horas como máximo.

- Participan Team, ScrumMaster y Product Owner. Éste último es opcional.
- La reunión comienza cuando los miembros de Team responden a las siguientes preguntas:
  - ¿Qué estuvo bien en el Sprint?
  - ¿Qué se podría mejorar en el próximo Sprint?

- ScrumMaster escribe las respuestas en una forma resumida.
- Team prioriza el orden en el que quiere hablar de las mejoras potenciales.
- El papel de ScrumMaster no es proporcionar las respuestas, a las preguntas anteriores, sino facilitar la búsqueda por parte de los integrantes de Team, de mejores formas para que trabaje el proceso de Scrum.

Las mejoras más demandantes pueden ser agregadas al próximo Sprint como requerimientos no-funcionales de alta prioridad del Product Backlog. La retrospectiva que no produzcan cambios es estéril y frustrante.

4.10 Valores de Scrum

Los valores que promueve Scrum son:

Compromiso. Team se compromete con una meta definida en un Sprint y tiene la autonomía para decidir por sí mismo qué es lo mejor para cumplirla. El ScrumMaster se compromete a remover los obstáculos que reportan los integrantes de Team y evitar que factores externos interrumpan o distraigan el esfuerzo de desarrollo. El Product Owner se compromete a definir y priorizar los requerimientos en el Product Backlog, guiar la selección de la meta del Sprint, revisar y proporcionar la retroalimentación de los resultados de cada Sprint.

Enfoque. Team tiene que enfocarse en la meta definida en un Sprint sin distracciones. ScrumMaster se enfoca en remover los obstáculos y evitar interrupciones en el trabajo de Team.

Apertura. Poner a disposición el Product Backlog hace visible el trabajo y prioridades. Daily Scrum
Meeting hace visible el compromiso en su conjunto y el estatus individual.

Respeto. Los integrantes individuales de Team son respetados por sus fortalezas y debilidades y no son culpados por las fallas del Sprint. Mediante la auto-organización Team adopta la actitud de resolver problemas a través de la exploración de soluciones en grupo [34].

4.11 Casos de éxito de aplicación de Scrum

En el libro "Agile Project Mangement with Scrum" [12] existen varios casos documentados. En este caso se seleccionó uno, el de Service'1st. Además se seleccionaron algunos casos documentados recientemente en compañías que tienen un factor común que es el de la innovación.

Service'1st [12]. Es una empresa mediana consolidada que vende productos de software para clientes nacionales e internacionales. Esta compañía decidió utilizar Scrum y comenzó con un piloto, por lo que seleccionaron un equipo que se dedicaría a adelantar la siguiente versión de un producto. El equipo de trabajo era numeroso (17 integrantes) por lo que se tuvieron dificultades para empezar el Sprint. Por lo que el equipo decidió por iniciativa propia dividirse en sub-equipos con líderes que ayudaron a reducir las dependencias entre ellos. El trabajo en la empresa en general no era constante, dos meses antes de la liberación de una versión los equipos laboraban por las tardes y los fines de semana. Estaban organizados por roles, de tal manera que unos tenían que esperar el trabajo de otros, así los diseñadores tenían que esperar el trabajo de los analistas, los programadores el de los diseñadores y así sucesivamente, cada quien tenía que detallar los resultados de su trabajo en un documento. El beneficio que obtuvo esta empresa fue que los empleados ya no trabajan aisladamente, colaboran y se comunican y su ambiente de trabajo es más relajado.

3M [35]. Ésta es una empresa que ha vendido el software como parte de un sistema o incrustado en el hardware. Recientemente esta empresa se ha enfocado en proporcionar componentes de software mayores especialmente para el mercado de la tecnología de identificación por radio frecuencia. Hasta la fecha el desarrollo de software ha sido orientado hacia un modelo de cascada. Su principal motivación para adoptar Scrum fue una frustración colectiva con sus procedimientos actuales para desarrollar software. Entre sus principales desafíos se encontraron la de obtener un espacio de trabajo adecuado porque tuvieron que convencer a las áreas correspondientes de que se les acondicionara con los elementos necesarios para la colaboración del equipo. Otro fue el de encontrar sus intervalos adecuados para las reuniones y el Sprint y cómo desarrollar el Product Backlog. Los beneficios que encontraron son: incrementaron su productividad y todos lo perciben así, corto tiempo de reacción hacia el desarrollo del producto, el aumento en la interacción con el cliente y el elevado ánimo del equipo de desarrollo.

Yahoo! [36]. Esta empresa comenzó como una empresa pequeña que creció rápidamente, sus productos son usados por muchos usuarios en todo el mundo. En el 2002 intentó controlar el proceso de desarrollo de software y creó un proceso basado en el de cascada. Muchos equipos lo ignoraron o hicieron parecer que lo seguían cuando no era así. Por lo que en el 2004 empezaron los esfuerzos por introducir prácticas ágiles, por parte de miembros de algunos laboratorios y el vicepresidente de Desarrollo del Producto. Se comenzó con un programa piloto donde participaban 4 equipos que cubrieron productos como Yahoo! Photos 3.0. Después del primer mes les aplicaron una encuesta sobre Scrum en la cual el 81% respondió que si continuaría utilizando Scrum. Así se inició un programa para involucrar a los empleados para utilizar Scrum, el cual se mantuvo como un programa voluntario. Uno de los retos a los que se enfrentaron fue que los administradores se sintieron desplazados cuando el equipo llegaba a ser auto-organizado, por lo que se les tuvo que explicar que su rol estaba cambiando. Otro es el de mantener las reglas de Scrum debido a que se tiene que adaptar a diferentes necesidades y contextos. Por lo que Scrum se ha colocado como un marco de trabajo flexible. Los recursos y financiamiento fue otro de los desafíos que tuvieron que enfrentar, hasta que demostraron el beneficio de contar con un entrenador (coach) en Scrum se obtuvo el financiamiento necesario. Así se continuaron implantando sus prácticas. El beneficio que obtuvieron fue un   incremento de 37% en la productividad del equipo. En los resultados de encuestas se menciona que para el 81% de los encuestados Scrum es mejor o mucho mejor para la colaboración y cooperación, asimismo un 63% afirma que Scrum es mejor o mucho mejor para la adaptabilidad.

Google [37]. En esta empresa los equipos de trabajo se auto-organizan y se comunican directamente con todos los involucrados. La actitud de la empresa es tener los menos posibles procesos estándares. La administración de alto nivel confía en que los equipos no abusan de su autonomía y hacen su mejor esfuerzo para sus proyectos y la compañía. Sin embargo, para una aplicación en específico las fechas de lanzamiento eran impredecibles, causaban preocupación, nadie quería bajar los estándares de calidad y había un alto grado de cambios lo cual causaba retrasos. Por lo que se decidió integrar algunas prácticas ágiles sin que los equipos de desarrollo las sintieran intrusivas en su forma de trabajar. Esto debido a que uno de los principales retos es la resistencia, debido a que por la forma de trabajar de la empresa, muchos ingenieros no creen que un proceso formal pueda beneficiar, solo hace más lento su trabajo. Comenzaron introduciendo Burndown Chart, Release Backlog (Product Backlog) y una reunión semanal de control. La gráfica Burndown Chart fue de utilidad para saber si se iba a cumplir con lo planeado. En una segunda etapa se les explicó Scrum, se introdujeron prácticas explícitamente como el desarrollo por iteraciones, retrospectiva y el Product Backlog con los requerimientos priorizados y divididos por versiones. El principal reto fue el de introducir explícitamente un proceso entre los desarrolladores, la preocupación que impera en la empresa es referente a la tecnología no tanto a un proceso que les proporcione visibilidad y adaptabilidad del proyecto. Los beneficios que obtuvieron fue la visibilidad del estatus del desarrollo que proporcionó un gran apoyo a la administración.

También se ha documentado experiencias donde se aplica Scrum con varios equipos en un solo proyecto y estos equipos están distribuidos físicamente. Uno de los más recientes es en el que intervienen dos compañías con prácticas ágiles [17], una subcontratando a otra. Conformaron equipos de trabajo en Provo, Utah; Waterloo, Canadá y San Petesburgo, Rusia. Desarrollaron durante el 2005 una aplicación de Java con 671,688 líneas de código, desarrollando 15.3 puntos de función por desarrollador/mes, el cual mencionan que es el proyecto más productivo de Java documentado hasta ese año. Este es un caso que prueba que los equipos de trabajo distribuidos y subcontratados pueden ser productivos implementando Scrum y buenas prácticas de ingeniería.

Por otro lado, se ha documentado la combinación de prácticas de Scrum con otros modelos como el de CMMI, tal es el caso de la empresa Systematic [23]. Esta empresa desarrolla productos de software de alta criticidad que demandan alta confiabilidad, seguridad, exactitud y usabilidad, además cuenta con nivel 5 de CMMI. Systematic optimizó sus procesos tradicionales utilizando Scrum, mezclando al mismo tiempo la planificación necesaria para el cliente y la flexibilidad y adaptabilidad. En este artículo se afirma que CMMI y Scrum individualmente han probado sus beneficios. Una compañía puede implementar Scrum correctamente pero puede fallar en la institucionalización o en la inconsistencia o insuficiencia en la ejecución de procesos de ingeniería o de administración. CMMI puede ayudar a institucionalizar métodos ágiles de una manera consistente. Una compañía con CMMI puede fallar para alcanzar un óptimo desempeño debido a una inadecuada implementación de procesos. Scrum y otros métodos ágiles pueden guiar a las compañías hacia una implementación más eficiente de procesos de CMMI. Después de que Systematic implementó Scrum en proyectos piloto, durante 4 meses, se dieron cuenta que se redujeron defectos, re-trabajo y el total de trabajo en un 50%. Además, el artículo menciona una guía para institucionalizar Scrum en la que se tomaron las prácticas genéricas de CMMI y se adaptaron para los métodos ágiles.

5. Especialización de MoProSoft basada en el marco de trabajo Scrum (MPS-Scrum)

5.1   Introducción

Esta sección describe el proceso MPS-Scrum que se propone en este trabajo. Se comienza con el propósito y justificación de la existencia de este proceso. Después se explica su enfoque hacia el producto, al proceso y a las personas y se exponen las condiciones del contexto en el que se puede aplicar esta propuesta. Finalmente se detallan sus roles, productos y prácticas.

5.2 Propósito

Proporcionar los elementos mínimos necesarios para ejecutar prácticas de Scrum dentro de los procesos Administración de Proyectos Específicos (APE) y   Desarrollo y Mantenimiento de Software (DMS) de MoProSoft.

5.3 Justificación

Los procesos de desarrollo y mantenimiento   de software y de administración de proyectos constituyen el ámbito operativo   de cualquier organización que se dedique al desarrollo de software. Esto es identificado plenamente por MoProSoft mediante sus procesos DMS y APE, de ahí la importancia de estos procesos. Tanto APE como DMS y todos los procesos de MoProSoft indican las actividades a realizar pero no limitan la ejecución de prácticas específicas.

Por otro lado, Scrum es un proceso que busca incrementar la probabilidad de desarrollar exitosamente un producto de software [12]. Consiste en un proceso simple con pocas prácticas, productos y reglas claras fáciles de aprender. Scrum no es un proceso prescriptivo, no describe que hacer en cada circunstancia. Ofrece un conjunto de prácticas que permiten conocer lo que está sucediendo en el proyecto para realizar inmediatamente los ajustes   para que   siga trabajando hacia las metas deseadas.

MPS-Scrum consiste en una serie de prácticas desprendidas de Scrum que guían el trabajo que se lleva a cabo en un proyecto de desarrollo de un producto de software, sin necesidad de predecir todos los aspectos de la administración de un proyecto y las circunstancias que puedan presentarse o no. MoProSoft es la base para su implantación, por lo que hace uso de algunos roles y productos establecidos por APE y DMS que guardan cierta similitud con los señalados por Scrum. La especialización MPS-Scrum considera la simplificación del contenido de dichos productos de trabajo y la redefinición de   roles. Sin embargo, contempla la extensión de sus responsabilidades y considera como parte fundamental un equipo de trabajo auto-organizado con integrantes capacitados (Ver **3. Equipo de desarrolladores formado y auto-organizado.**).

MPS-Scrum es una propuesta que trata de aprovechar los beneficios de las prácticas ágiles en un ambiente operativo guiado por APE y DMS con la finalidad de atacar las exigencias de la demanda del software actual.

La relación de las prácticas de MPS-Scrum, Scrum y MoProSoft se muestra en la Figura 7.

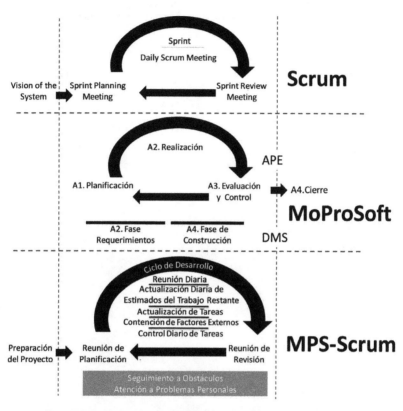

Figura 7. Relación de prácticas de MPS-Scrum, con Scrum y MoProSoft.

5.4 Enfoque

Debido a que esta especialización se desprende de Scrum y por consecuencia de los métodos ágiles, valora al producto, al proceso y al personal de la siguiente manera:

Al producto como un producto de software valioso para el cliente. Es el entregable de la ejecución de esta especialización. Se constituye de entregas de incrementos en la funcionalidad, al final de cada ciclo. Se debe considerar que cada entrega debe contar con las propiedades para entrar en funcionamiento en el ambiente operativo del cliente.

Al proceso como una serie de prácticas dirigidas por los requerimientos de un producto de software. Como punto central se encuentran el ciclo de desarrollo que se caracteriza por ser *iterativo e incremental.* El resultado de cada ciclo debe ser el producto de software con las particularidades indicadas en el punto anterior. El proceso emplea el control continuo, para lo que hace uso de la visibilidad, inspección y adaptación:

Visibilidad: Significa que el proceso debe permitir visualizar los aspectos que pueden afectar al resultado del proyecto. Por lo tanto, los requerimientos del producto, el trabajo (tareas) y el producto de software son considerados como productos de esta especialización (Ver

5.7 **Productos**). Los requerimientos del producto reflejan la razón de ser del proyecto, las tareas plasman el trabajo que va a permitir implementar los requerimientos y el producto de software muestra el resultado, que son los requerimientos convertidos en funcionalidades.

Inspección: Significa que el proceso debe permitir revisar frecuentemente los aspectos que pueden afectar al producto de software. Por lo que al inicio de cada ciclo se revisan los requerimientos, diariamente se revisa el avance de las tareas y al final de cada ciclo se revisa tanto el producto de software resultante como el proceso que se está siguiendo (Ver 5.8 Prácticas).

Adaptación: Como resultado de la inspección se deben realizar los ajustes necesarios para cumplir con el objetivo del proyecto. Por un lado está la adaptación del proceso, la cual se lleva cabo incorporando las mejoras sugeridas por los integrantes del equipo de trabajo para adaptarlo a sus necesidades. Otra adaptación es la del software, la cual se realiza incorporando los cambios o nuevas funcionalidades solicitadas por el cliente para adaptarlo a sus necesidades.

Al personal como un conjunto de personas implicadas en el proyecto, dividiéndolas en desarrolladores, responsable del proyecto, directivos, responsables de gestión de recursos, de procesos, de proyectos, gente del negocio del cliente, usuarios y demás involucrados:

* *Desarrolladores*: se les considera personas con las habilidades necesarias para el desarrollo de software, que conoce su trabajo, puede trabajar en equipo y no requiere de soporte de otras personas para ejecutar la mayoría de las tareas requeridas.
* *Responsable del proyecto*: es la persona con las habilidades necesarias para hacer posible que el equipo de trabajo desarrolle el producto de software esperado.
* *Directivos, responsables de gestión de recursos, de procesos, de proyectos de la organización*: son quienes proporcionan respaldo y confianza para que los desarrolladores realicen sus tareas.
* *Gente del negocio del cliente, usuarios y demás involucrados*: se les considera como personas conocedoras de las necesidades del área de negocio, dispuestas a colaborar con los desarrolladores para lograr que el producto de software realmente sea valioso.

5.5 Contexto de aplicación

El uso de esta especialización es para organizaciones o equipos de trabajo que tienen establecido un proceso de administración de proyecto dirigidos por planes en un marco de trabajo MoProSoft y desean evolucionar a procesos con prácticas ágiles, para obtener sus beneficios.

Esta especialización considera importante evaluar el contexto en el que se desempeñará, distinguiendo dos grupos: condiciones necesarias y condiciones en las que es recomendable esta especialización.

Condiciones necesarias para la aplicación de esta especialización:

1. **Sin restricción del proceso a utilizar.** Cuando sea necesario seguir un proceso o estándares específicos, debido a que se requiere crear formalmente la evidencia del seguimiento del

proceso no es posible utilizar esta especialización. Debido a que MPS-Scrum no indica elaborar evidencia de las actividades que se realicen en cada uno de los ciclos, el único producto que se espera es el del software con las características deseadas.

2. **Personal capacitado.** Por parte de los *desarrolladores* se requiere que además de los conocimientos técnicos suficientes para desarrollar software, posean conocimientos y habilidades para:

   o Trabajar en equipo.

   o Planear las tareas necesarias para convertir los requerimientos en un producto de software.

   o Estimar el tiempo en que se realizarán dichas tareas.

   Por parte del **responsable del proyecto,** se requiere que además de las habilidades necesarias para planificación, gestión, manejo de personal y resolución de conflictos, cuente con la capacidad para controlar el proceso e implementar mejoras.

3. **Equipo de desarrolladores formado y auto-organizado.** Debido a que se espera que el equipo desarrolle un producto de software valioso para el cliente en el menor tiempo posible, se requiere que ya se encuentre formado y con disponibilidad de todos sus integrantes, antes de utilizar esta especialización. Un aspecto importante requerido es la auto-organización del equipo, que significa que sea capaz de definir y responsabilizarse por sus propias tareas sin la necesidad de influir sobre su estructura. También significa que el equipo tenga la iniciativa de colaborar para resolver problemas y con la capacidad de decidir sobre métodos, técnicas, estándares, tecnología o lenguajes a utilizar.

4. **Colaboración entre desarrolladores, gente del negocio y demás involucrados.** Se requiere la identificación correcta de todos los individuos o grupos que tengan algún interés sobre el producto de software a desarrollar. Principalmente, es necesaria la interacción por parte del cliente o de los conocedores del negocio para que proporcionen directrices que guíen el desarrollo del producto de software. También, se requiere que todos los involucrados conozcan el enfoque de esta especialización para que comprender cuando es requerida su colaboración y cuando es importante no interferir con el esfuerzo de desarrollo durante los ciclos. En general, el apoyo que puedan proporcionar todo el personal involucrado en cualquier nivel de la organización tanto la del cliente como la del equipo de desarrollo será un factor primordial para el éxito del proyecto.

5. **Organización del trabajo por ciclos dirigidos por requerimientos priorizados.** Debe ser posible que el alcance del proyecto sea dividido en función de las características del producto y que éstas pueden ser priorizadas. Para así transformar estas características en un producto de software entregado de manera incremental a lo largo de los ciclos de desarrollo.

6. **Cultura de libertad y confianza.** Es importante que el personal se sienta cómodo teniendo la libertad de definir su propio trabajo, que esté dispuesto a colaborar para la resolución de problemas y que tenga la confianza en que se desarrollará el producto requerido.

Condiciones en las que se recomienda esta especialización:

- **Requerimientos no muy bien especificados y/o cambiantes.** Cuando por la situación del área de negocio del cliente no se puede describir detalladamente todas las características deseadas del producto o bien, éstas cambian constantemente.

- **Tiempo de entrega corto.** Si el carácter del área del negocio del cliente demanda un producto de software que aproveche una oportunidad de mercado en un periodo corto de tiempo o satisfaga una necesidad inmediata.

- **Tecnología nueva.** Cuando el uso y aplicación de una determinada tecnología es un factor crítico en un proyecto, por lo que es necesario inspeccionar frecuentemente la factibilidad de utilizar dicha tecnología en el proyecto.

5.6 Roles

Para esta especialización se consideraron los roles de APE y DMS similares con los de Scrum: Responsable de Administración del Proyecto Específico, Cliente y Equipo de Trabajo. Solo que se adaptaron sus responsabilidades acorde a las prácticas de esta especialización. El rol adicional es INVOLUCRADOS, que se incluyó con la finalidad de acentuar su participación para que el producto desarrollado cumpla su objetivo. Así los roles de MPS-Scrum son:

1. RESPONSABLE DE ADMINISTRACIÓN DEL PROYECTO ESPECÍFICO (RAPE). Para desempeñar este rol es necesaria una persona que se responsabilice de la ejecución del proceso. Debe conocer las prácticas de esta especialización y de cómo se pueden adaptar a las necesidades del proyecto. Entre sus responsabilidades están:
   - Asegurarse de que el EQUIPO DE TRABAJO es completamente funcional y productivo.
   - Facilitar la cooperación entre todos los roles.
   - Asegurarse de que se ejecutan las prácticas de esta especialización y de que todos los involucrados participen en las diferentes actividades.
   - Remover los obstáculos o dependencias que reporte el EQUIPO DE TRABAJO. (Ver práctica SEGUIMIENTO A OBSTÁCULOS.)
   - Evitar que factores externos interfieran con el trabajo de desarrollo del EQUIPO DE TRABAJO. (Ver práctica CONTENCIÓN DE FACTORES EXTERNOS)
   - Asegurarse de que el REPRESENTANTE DEL CLIENTE proporcione las directrices que el producto en desarrollo debe seguir.
   - Asegurarse de que al final del ciclo se entregue un incremento de la funcionalidad del producto de software, con las características suficientes para desempeñarse en el ambiente requerido por el cliente. (Ver producto SOFTWARE)
   - Facilitar la mejora de prácticas de ingeniería y el uso de herramientas para aumentar la productividad del EQUIPO DE TRABAJO.
   - Mantener la información del progreso del proyecto actualizada y visible a la disposición de todos los involucrados.
   RAPE corresponde al rol con el mismo nombre de APE y DMS y con ScrumMaster de Scrum.

2. CLIENTE O REPRESENTANTE DEL CLIENTE (REC). Para desempeñar este rol se requiere a una persona que represente los intereses del cliente o del área de negocio, conocedora de sus necesidades y de las oportunidades que se presentan. Entre sus responsabilidades están:
   - Proporcionar en todo momento, las directrices al EQUIPO DE TRABAJO señalando los requerimientos que representan más valor para el cliente.
   - Describir la visión del producto a desarrollar. (Ver producto DESCRIPCIÓN DEL PROYECTO– VISIÓN DEL SISTEMA)
   - Describir los requerimientos deseados del producto a desarrollar, a lo largo de los ciclos, en forma de requerimientos funcionales y no funcionales. (Ver producto ¡**Error! No se encuentra el origen de la referencia.**)
   - Priorizar los requerimientos del producto de acuerdo a su conocimiento del área de negocio.
   - Apoyar para la realización de las planeaciones de cada ciclo.
   - Explicar al EQUIPO DE TRABAJO sobre el contenido de los requerimientos del producto en la planificación de cada ciclo. (Ver práctica REUNIÓN DE PLANIFICACIÓN)
   - Identificar las personas que fungirán como rol INVOLUCRADOS.
   - Asegurarse de que las revisiones al final de cada ciclo se lleven a cabo.

- Incorporar nuevas funcionalidades y cambios en las existentes de acuerdo a las observaciones y necesidades que él mismo exprese y los demás involucrados (IN), durante las revisiones al final del ciclo. (Ver práctica REUNIÓN DE REVISIÓN)
- Aceptar o rechazar los resultados presentados en las revisiones del software al final de cada ciclo. (Ver práctica REUNIÓN DE REVISIÓN)
- Ajustar las prioridades al final de cada ciclo de acuerdo a sus observaciones y las de los involucrados. (Ver REUNIÓN DE REVISIÓN).

REC corresponde al rol Cliente de APE y a Product Owner de Scrum.

3. EQUIPO DE TRABAJO (EQT) Se requiere de un grupo pequeño de personas, como máximo 10, con diferente especialización (cross-functional) en las diversas disciplinas necesarias para el desarrollo de software. Además de que es preciso, que se auto-organice (Ver *Equipo de desarrolladores formado y auto-organizado.*). Entre sus responsabilidades están:
- Estimar el tiempo en el que se implementará cada uno de los requerimientos del producto de software. (Ver práctica REUNIÓN DE PLANIFICACIÓN)
- Seleccionar los requerimientos del producto de software que se implementarán en cada ciclo de desarrollo. (Ver práctica REUNIÓN DE PLANIFICACIÓN)
- Planificar las tareas necesarias para convertir los requerimientos del producto seleccionados en un incremento en la funcionalidad del producto de software. Además de estimar el tiempo en que se llevará ejecutar cada una de estas tareas. (Ver práctica REUNIÓN DE PLANIFICACIÓN)
- Colaborar para resolver los problemas que surjan. (Ver práctica

REUNIÓN DIARIA

-)
- Actualizar frecuentemente sus estimados. (Ver   práctica ACTUALIZACIÓN DIARIA DE ESTIMADOS DEL TRABAJO RESTANTE)
- Reportar frecuentemente el avance de sus tareas y los obstáculos a los que se enfrenta.(Ver práctica

REUNIÓN DIARIA

-)
- Ejecutar las tareas planificadas, para cumplir con los requerimientos seleccionados para el ciclo. El resultado debe entregarse como un incremento de la funcionalidad del producto de software que cumpla con los requerimientos seleccionados y con las propiedades para ejecutarse en el ambiente operativo requerido por el cliente. (Ver práctica CICLO DE DESARROLLO)
- Mostrar al final de cada ciclo la ejecución del software desarrollado. (Ver práctica REUNIÓN DE REVISIÓN)

EQT corresponde al rol con el mismo nombre de APE y DMS y a Team de Scrum.

4. INVOLUCRADOS (stakeholders) (IN). Son las personas con algún interés en el proyecto que puede pertenecer a alguno de los grupos mencionados en el enfoque de esta especialización con respecto al personal. Entre sus responsabilidades están:
- Proporcionar sus observaciones, impresiones e indicar sus necesidades en las revisiones del software al final de cada ciclo. (Ver práctica REUNIÓN DE REVISIÓN)
- No interferir durante el ciclo de desarrollo.

5.7 Productos

El enfoque de esta especialización es mantener la visibilidad del proceso, para esto se vale de los productos de trabajo que propone Scrum. Por lo que esta especialización considera los productos de trabajo de APE y DMS que pueden ajustarse a los que propone Scrum, éstos son: *Descripción del Proyecto, Especificación de Requerimientos, Plan de Desarrollo y Software*. Por otro lado, se agrega el producto: GRÁFICA DE TRABAJO RESTANTE, el cual es propuesto por Scrum. A continuación se detalla cada uno de los productos especificando quién es el responsable, su contenido y la dinámica que sigue:

1. *DESCRIPCIÓN DEL PROYECTO– VISIÓN DEL SISTEMA (DP-VISIÓN DEL SISTEMA)*

   Responsable: El REC se encarga de elaborar y modificar este producto, a partir de su conocimiento, de las observaciones de otros involucrados que conocen el área de negocio o bien de lineamientos de dicha área.

   Contenido: Texto que describe el enfoque o perspectiva del producto a desarrollar, debe señalar el por qué se está emprendiendo el proyecto. Puede estar en términos del área de negocio en la que se desempeña el producto o en términos del sistema.

   Dinámica: Se elabora antes de iniciar el proyecto (Ver práctica PREPARACIÓN DEL PROYECTO) y conforme avanza se puede refinar para ser más clara, con la intervención de todos los involucrados incluidos los desarrolladores. (Ver práctica REUNIÓN DE PLANIFICACIÓN)

   DP-VISIÓN DEL SISTEMA corresponde a *Descripción del Proyecto,* entrada al proceso APE y a Vision of the System de Scrum.

2. *PLAN DE DESARROLLO- LISTA DE TAREAS (PD-LISTA DE TAREAS)*

   Responsable: El EqT es el encargado de elaborar y modificar este producto, definiendo las tareas, sus responsables y estimando el tiempo que hace falta para llevar a cabo cada una.

   Contenido: Lista de las tareas necesarias para convertir los requerimientos seleccionados en cada ciclo en un incremento en la funcionalidad del producto de software. Se debe considerar que al final del ciclo el producto de software o una nueva versión debe contar con las propiedades suficientes para ejecutarse en el ambiente operativo del cliente. Además, debe contener los nombres de los responsables y del tiempo estimado que hace falta (restante) para terminar cada una de las tareas.

   Dinámica: En la planificación de cada ciclo se definen las tareas necesarias para convertir los requerimientos establecidos para dicho ciclo en un producto de software o en una nueva versión. También se establecen los responsables y se estima el tiempo en que se ejecutará cada tarea (Ver práctica REUNIÓN DE PLANIFICACIÓN). Conforme el ciclo de desarrollo avanza puede ser que se agreguen más tareas o se eliminen (Ver práctica ACTUALIZACIÓN DE TAREAS). Los estimados de tiempo se actualizan diariamente estableciendo el tiempo que resta para terminar la tarea (Ver práctica ACTUALIZACIÓN DIARIA DE ESTIMADOS DEL TRABAJO RESTANTE).

   PD-LISTA DE TAREAS corresponde a *Plan de Desarrollo,* salida del proceso APE y a Sprint Backlog de Scrum.

3. *SOFTWARE (SW)*

Responsable: El EqT es el encargado de desarrollar este producto.

Contenido: Producto de software con las características necesarias para ejecutarse en el ambiente operativo requerido por el cliente o bien, con aquellas características que el cliente considere para ser entregable.

Dinámica: Al final de cada ciclo se entregan incrementos de funcionalidad del SOFTWARE. Estos incrementos deben tener las características necesarias para ejecutarse en el ambiente requerido por el cliente o con las que el cliente considere para ser entregable. Al final del proyecto SOFTWARE debe ser un producto de software completo. Esto implica que debe contar con la configuración requerida y debe haberse sometido a las pruebas necesarias. (Ver práctica REUNIÓN DE REVISIÓN)

Sw corresponde al producto con el mismo nombre, salida del proceso DMS y a Increment of potentially shippable product functionality de Scrum.

4. *GRÁFICA DE TRABAJO RESTANTE*

Responsable: El RAPE es el encargado de la elaboración y modificación de este producto.

Contenido: Es una gráfica que muestra la correlación entre la cantidad del trabajo pendiente (en tiempo) y cada uno de los días del ciclo. Así se puede percibir la tendencia de la velocidad del EqT hacia el final del ciclo. Cuando el trabajo restante sea cero al final del ciclo, entonces se ha cumplido con las tareas planeadas.

Dinámica: Es una herramienta para controlar el avance diario de las tareas durante un ciclo de desarrollo, por lo que si se decide utilizarla, debería ser actualizada diariamente (Ver práctica CONTROL DIARIO DE TAREAS).

Este producto corresponde a Burndown Chart de Scrum.

5.8 Prácticas

Las prácticas consideradas en esta especialización están ligadas al flujo de Scrum, para lograr la visibilidad, inspección y adaptación del proceso. En la ¡**Error! No se encuentra el origen de la referencia.** se muestra el detalle de las prácticas.

En   la

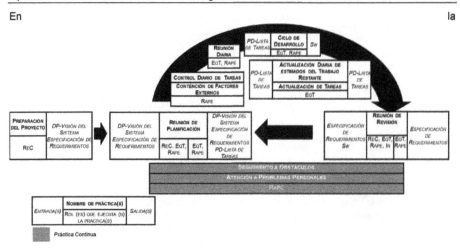

Figura 8 se muestran el flujo de las prácticas con los roles y productos involucrados.

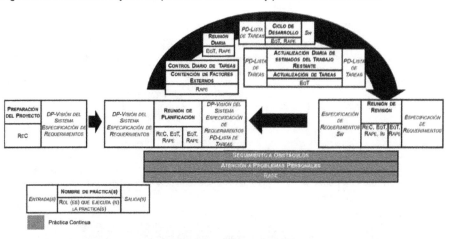

Figura 8. Flujo de las prácticas de MPS-Scrum.

PREPARACIÓN DEL PROYECTO
Consiste en elaborar, antes de la primera de REUNIÓN DE PLANIFICACIÓN del proyecto, la *DP–VISIÓN DEL SISTEMA* y de la primera versión de la *ESPECIFICACIÓN DE REQUERIMIENTOS*.

Roles: REC	1. Elabora *DP– VISIÓN DEL SISTEMA* con base en su conocimiento de la necesidad del área del negocio. Puede considerar la experiencia y conocimiento de otros involucrados con el área.
	2. Elabora la primera versión de la *ESPECIFICACIÓN DE REQUERIMIENTOS* debe contener el mayor número de requerimientos identificados, ordenados de mayor a menor valor que representen para el área de negocio. Además, pueden agruparse indicando los posibles ciclos en los que se puede dividir el proyecto.
RAPE	3. Determina la forma en que se almacenarán, se actualizarán y se mantendrán visibles a lo largo de los CICLOS DE DESARROLLO los siguientes productos del proyecto: *DP-VISIÓN DEL SISTEMA*, *ESPECIFICACIÓN DE REQUERIMIENTOS*, *PD-LISTA DE TAREAS* y la *GRÁFICA DE TRABAJO RESTANTE*.

La práctica PREPARACIÓN DEL PROYECTO corresponde a la elaboración de Vision of the System y Product Backlog de Scrum.	
REUNIÓN DE PLANIFICACIÓN	
Esta reunión se realiza al principio de cada ciclo con el propósito de obtener un entendimiento común de los requerimientos, establecer las tareas necesarias para implementarlos y estimar el tiempo para ejecutarlas. La convoca RAPE o REC y se divide en dos fases:	
1ª. Se realizan las siguientes actividades:	
RAPE, REC, EQT	1. Revisan el contenido de *DP – VISIÓN DEL SISTEMA* para realizar ajustes si es necesario.
REC, EQT	2. REC explica los requerimientos iníciales o los ajustes que se realizaron durante la revisión del ciclo pasado (REUNIÓN DE REVISIÓN), considerando los de más alta prioridad. Todos deben estar documentados en *ESPECIFICACIÓN DE REQUERIMIENTOS*. El EqT pregunta acerca de su contenido, propósito y significado, con la finalidad de obtener un entendimiento común. Si es necesario el REC realiza los ajustes necesarios a *ESPECIFICACIÓN DE REQUERIMIENTOS*.
RAPE, REC, EQT	3. Participan para descomponer los requerimientos de más alta prioridad para que se puedan probar y estimar, si lo consideran necesario.

Tabla 2. Prácticas de MPS-Scrum.

REUNIÓN DE PLANIFICACIÓN	
EQT,	4. EqT estima el tiempo que se requerirá para implementar cada uno de los requerimientos de *ESPECIFICACIÓN DE REQUERIMIENTOS* que no han sido implementados. REC modifica *ESPECIFICACIÓN DE REQUERIMIENTOS* si es necesario.
EQT	5. Selecciona los requerimientos que puede convertir en un incremento de la funcionalidad del producto de software, al final del próximo ciclo. A estos requerimientos seleccionados se le llama también meta del ciclo. Se debe considerar que al final del ciclo debe presentarse un producto de software con las propiedades para ejecutarse en el ambiente operativo del cliente o bien, con las propiedades acordadas para ser entregable (Ver Alctividad 6).
EQT, REC	6. Al inicio del proyecto se debe indicar cuáles son las características que debe cumplir el producto de software (*Sw*) para que se ejecute en el ambiente operativo requerido por el cliente o bien, para que el cliente lo considere entregable.
2ª. Se realizan las siguientes actividades:	
EQT	7. Genera *PD-LISTA DE TAREAS* con las tareas necesarias para convertir los requerimientos seleccionados para el ciclo en un producto de software.
EQT	8. Estima el tiempo (trabajo) necesario para realizar cada tarea y asigna sus propias responsabilidades, estos datos son registrados en *PD-LISTA DE TAREAS*. Si existen ajustes que deben realizarse con los estimados realizados en la actividad 4, entonces debe participar el REC. Puede ser que exista una negociación entre el REC y el EqT por los ajustes realizados del tiempo estimado, en el caso en que la meta del ciclo se vea afectada.
9. Determina la configuración de *Sw* que se va a entregar en la REUNIÓN DE REVISIÓN que cumpla con la meta del ciclo y con las características necesarias para ejecutarse en el ambiente operativo del cliente.
10. Si se está planificando el primer ciclo de desarrollo, el EqT debe considerar lo siguiente:
- Tecnología a utilizar. Debe examinar la tecnología que se utilizará para el desarrollo de *Sw* de acuerdo al ambiente operativo del cliente y de los requerimientos no funcionales.

- Ambiente de desarrollo que soporte las entregas de los incrementos de Sw en cada REUNIÓN DE REVISIÓN. Debe determinar si las herramientas que utiliza actualmente soportarán la tecnología utilizada. Además de que deben soportar la administración de los elementos de la configuración del software apropiada para la entrega de cada incremento de Sw en la REUNIÓN DE REVISIÓN.

RAPE se encarga de facilitar que los roles ejecuten sus actividades. También comunica la forma en que todos los roles pueden acceder a los productos del proyecto.

La práctica REUNIÓN DE PLANIFICACIÓN corresponde a Sprint Planning Meeting de Scrum.

CICLO DE DESARROLLO

Es el periodo en el que EqT realiza las tareas planeadas para cumplir con la meta del ciclo, establecida en ER. El resultado debe entregarse como un incremento en la funcionalidad del producto de software (Sw) que cumpla con los requerimientos establecidos en dicha meta y con las características necesarias para ejecutarse en el ambiente operativo requerido por el cliente.

Esta práctica se lleva a cabo en un lapso de tiempo delimitado por la REUNIÓN DE PLANIFICACIÓN y por la REUNIÓN DE REVISIÓN. La primera se realiza al inicio del ciclo y la fecha de la segunda es acordada en la REUNIÓN DE REVISIÓN pasada. Por lo que la REUNIÓN DE PLANIFICACIÓN para el próximo ciclo se realiza después de la REUNIÓN DE REVISIÓN del anterior y así sucesivamente.

¡Error! No se encuentra el origen de la referencia.. **Prácticas de MPS-Scrum (continuación).**

CICLO DE DESARROLLO

Durante esta práctica, además de ejecutar las tareas planeadas, se ejecutan las prácticas: REUNIÓN DIARIA, ACTUALIZACIÓN DIARIA DE ESTIMADOS DEL TRABAJO RESTANTE, se puede ejecutar o no la ACTUALIZACIÓN DEL TAREAS, CONTROL DIARIO DE TAREAS y se puede ejecutar o no CONTENCIÓN DE FACTORES EXTERNOS.

RAPE se encarga de facilitar las actividades del EqT para que éste se concentre en las actividades de ingeniería. Las únicas prácticas de carácter administrativo que tiene que ejecutar el EqT son la asistencia a REUNIÓN DIARIA, ACTUALIZACIÓN DIARIA DE ESTIMADOS DEL TRABAJO RESTANTE y ACTUALIZACIÓN DE TAREAS.

REUNIÓN DIARIA

El propósito de esta reunión es conocer el avance de las tareas planeadas, durante el ciclo por parte de quienes la realizan: cada uno de los integrantes de EqT. También su propósito es conocer los obstáculos que pudieran presentarse.

Sin embargo, el carácter de esta reunión no es el de consumir mucho tiempo a sus participantes, por lo que la reunión debe ser breve.

RAPE	Conduce la reunión, cita a los integrantes del EqT, determina el orden en que deben contestar las preguntas y cuida que no existan distractores durante la reunión.
EqT	Cada integrante presenta su informe contestando tres preguntas: • ¿Qué has hecho desde la última reunión diaria con respecto a este proyecto? • ¿Qué harás entre este momento y la próxima reunión diaria? • ¿Qué te impide hacer tu trabajo?

Si alguien menciona algo de interés para otro o bien necesita ayuda, los integrantes en cuestión pueden acordar encontrarse después de esta reunión para resolver el problema o discutir sobre el tema de interés.

La práctica REUNIÓN DIARIA corresponde a Daily Scrum Meeting.

ACTUALIZACIÓN DIARIA DE ESTIMADOS DEL TRABAJO RESTANTE

EqT	Cada uno de los integrantes del EqT actualiza diariamente los estimados de tiempo de las tareas que tienen asignadas, con el enfoque de calcular la cantidad de tiempo que hace falta para completarlas. Estos estimados son actualizados en PD-LISTA DE TAREAS.

	ACTUALIZACIÓN DE TAREAS
EQT, RAPE, REC	Puede ser que conforme el CICLO DE DESARROLLO avance sea necesario agregar o eliminar tareas, debido a los resultados de las que se están ejecutando o por la experiencia adquirida a lo largo del ciclo. Estos cambios deben ser reflejados en *PD-LISTA DE TAREAS*. Puede ser que esta actividad implique una negociación con el REC con respecto al tiempo asignado al ciclo, en el caso que las nuevas tareas excedan este tiempo.
	CONTROL DIARIO DE TAREAS
RAPE	Examina cuales tareas han sido completadas, cuales ya han comenzado, cuáles se han agregado y cuál es el estimado de tiempo actual para cada una de ellas con la finalidad de conocer el avance de las tareas. La *GRÁFICA DE TRABAJO RESTANTE* proporciona una visión del trabajo restante a lo largo de los días del ciclo de desarrollo, por lo que se puede utilizar como herramienta para llevar a cabo esta práctica.
	CONTENCIÓN DE FACTORES EXTERNOS
RAPE	Debe evitar que factores externos interfieran con el esfuerzo de desarrollo por parte del EQT, para que no pierda la concentración en desempeñar las actividades de ingeniería.
La práctica CICLO DE DESARROLLO corresponde a Sprint de Scrum.	

¡Error! No se encuentra el origen de la referencia.. **Prácticas de MPS-Scrum (continuación).**

	REUNIÓN DE REVISIÓN
	El propósito de esta reunión es entregar el incremento de la funcionalidad del producto de software (*SW*), mostrando su ejecución a todos los involucrados. Así éstos pueden señalar sus solicitudes de cambios y de nuevas funcionalidades, así como de sus observaciones y comentarios. Por lo que, el REC debe realizar los ajustes necesarios sobre los requerimientos del producto en *ESPECIFICACIÓN DE REQUERIMIENTOS*. También, puede ser que REC e IN decidan dar por terminado el proyecto, debido a que sus necesidades ya fueron cubiertas. El REC debe convocar a esta reunión. Se divide en 2 fases:
1ª. En esta fase se realizan las siguientes actividades:	
EQT	1. Indica la meta del ciclo.
EQT	2. Muestra el software funcionando a los presentes. Se debe hacer lo necesario para ayudar a que los asistentes entiendan la funcionalidad que se les está mostrando.
REC, IN	3. Señalan sus solicitudes de cambios y de nuevas funcionalidades, así como sus observaciones e impresiones.
REC	4. Acuerda los ajustes que deben hacerse tanto al contenido y prioridad de los requerimientos, con IN de acuerdo a sus señalamientos. Modifica *ESPECIFICACIÓN DE REQUERIMIENTOS* para que refleje todo lo acordado. Es importante incluir la funcionalidad que no se haya completado como requerimiento para el siguiente ciclo con su correspondiente prioridad, según sea el caso.
REC, IN, EQT	5. La fecha de la próxima reunión es acordada. En caso de que con esta reunión se dé por terminado el proyecto, no habrá otra reunión de esta naturaleza.
2ª. En esta fase deben estar presentes el RAPE y el EQT, es opcional para el REC. Se realizan las siguientes actividades:	
RAPE, EQT	1. Responden las siguientes preguntas: • ¿Qué estuvo bien en el ciclo de desarrollo? • ¿Qué se podría mejorar en el próximo ciclo de desarrollo?
RAPE	2. Escribe las respuestas de forma resumida. Cada una debe ser una mejora que se puede realizar al proceso que se está siguiendo.
EQT, RAPE	3. Priorizan el orden en el que hablarán de las mejoras.
EQT	4. Propone las acciones a tomar para abordar cada una de las mejoras propuestas.

EQT, RAPE	5. Si consideran que las acciones a tomar se deben incluir en *ESPECIFICACIÓN DE REQUERIMIENTOS* como requerimientos no funcionales, esto debe ser autorizado por el REC.
La práctica REUNIÓN DE REVISIÓN corresponde a Sprint Review Meeting de Scrum	

¡Error! No se encuentra el origen de la referencia.. **Prácticas de MPS-Scrum (continuación).**

Además de estas prácticas existen actividades continuas que recaen en RAPE:

- **SEGUIMIENTO A OBSTÁCULOS.** Todos los impedimentos que el EQT reporte en la REUNIÓN DIARIA, el RAPE debe atenderlos, priorizándolos y haciendo lo necesario para resolverlos. Si se considera necesario puede elaborar una lista para llevar el seguimiento.

- **ATENCIÓN A PROBLEMAS PERSONALES.** El RAPE también debe atender los posibles problemas personales o conflictos que puedan afectar trabajo en equipo y por lo tanto, el producto de software a desarrollar.

6. Relación de APE y DMS con MPS-Scrum

6.1 Introducción

En esta sección se presenta el detalle de la relación entre los procesos de MoProSoft APE y DMS con la especialización MPS-Scrum. Se divide en tres puntos: relación de productos, roles y actividades. Con respecto a las actividades primero se explica el criterio de equivalencia utilizado para especificar dicha relación. Después se describen los resultados del análisis cuantitativo y cualitativo derivado de relacionar las actividades. El detalle de la relación entre las sub-actividades de APE y DMS se muestra en el Anexo A. Detalle de la relación de las sub-actividades de APE y DMS con MPS-Scrum.

El propósito de esta sección es mostrar la especificación de la correspondencia entre los productos de APE y DMS con los de MPS-Scrum; los roles de APE y DMS con los de MPS-Scrum y las sub-actividades de APE y DMS con las prácticas de MPS-Scrum. Esto con la finalidad de contar con un medio que permita identificar lo que se requiere implantar para adoptar las prácticas de Scrum, mediante MPS-Scrum. Todo dentro de un ambiente de trabajo donde están establecidos los procesos APE y DMS de MoProSoft.

6.2 Relación de productos

Los productos de APE y DMS con su correspondiente producto de MPS-Scrum se listan en Tabla 3 y Tabla 4 respectivamente, además se mencionan algunas observaciones respecto a los apartados de los productos.

Productos de APE	Productos de MPS-Scrum	Observaciones
Descripción del Proyecto • *Descripción del Producto* • *Alcance* • *Objetivos* • *Entregables*	*DESCRIPCIÓN DEL PROYECTO – VISIÓN DEL SISTEMA* *(DP –VISIÓN DEL SISTEMA)*	Los apartados *Descripción del Producto* y *Objetivos* están descritos en *DP-VISIÓN DEL SISTEMA*. El *Alcance* se encuentra implícito en la meta del ciclo que se establece en cada uno de ellos. El enfoque de MPS-Scrum es el desarrollo de un producto de software por lo que con esto se ubica a *Entregables* como un dato sobreentendido.

Tabla 3. Productos de APE y de MPS-Scrum.

Productos de APE	Productos de MPS-Scrum	Observaciones
Plan de Desarrollo • Descripción del Producto y Entregables. • Proceso Específico. • Equipo de Trabajo. • Calendario.	PLAN DE DESARROLLO-LISTA DE TAREAS (PD-LISTA DE TAREAS)	Aunque el contenido de PD-LISTA DE TAREAS solo es la lista de tareas necesarias para convertir los requerimientos establecidos en un producto de software, equivale al apartado Calendario, los demás se encuentran de manera implícita. Descripción del Producto y Entregables. La DP – VISIÓN DEL SISTEMA contiene el enfoque del producto a desarrollar. Entregables es un producto de software como se menciona en el propósito de la especialización MPS-Scrum. Proceso Específico. Al seguir esta especialización el proceso específico ya está definido con el conjunto de prácticas que se proponen y con un enfoque específico como se describe en el enfoque hacia el proceso. Equipo de Trabajo debe estar definido como lo indica el contexto de MPS-Scrum (3. **Equipo de desarrolladores formado y auto-organizado).**
Plan del Proyecto • Ciclos y Actividades • Tiempo Estimado • Plan de Adquisiciones y Capacitación. • Equipo de Trabajo • Costo Estimado • Calendario • Plan de Manejo de Riesgos • Protocolo de Entrega		Algunos apartados de Plan del Proyecto se encuentran en la ESPECIFICACIÓN DE REQUERIMIENTOS y el PD – LISTA DE TAREAS. Ciclos y Actividades. Se encuentra en la ESPECIFICACIÓN DE REQUERIMIENTOS donde se indican las metas de cada uno de los ciclos y en el PD – LISTA DE TAREAS las tareas establecidas para cada uno de los ciclos. Tiempo Estimado. Se encuentra tanto en la ESPECIFICACIÓN DE REQUERIMIENTOS como en el PD – LISTA DE TAREAS, tanto del tiempo estimado para implementar cada

Tabla 3. Productos de APE y de MPS-Scrum (continuación).

Productos de APE	Productos de MPS-Scrum	Observaciones
		uno de los requerimientos como para cada una de las tareas establecidas en el *P D – LISTA DE TAREAS*. *Protocolo de Entrega*. Se encuentra de manera implícita en el propósito y enfoque de esta especialización, debido a que se considera aplicar esta especialización solamente para el desarrollo de un producto.

Tabla 3. Productos de APE y de MPS-Scrum (continuación).

Productos de DMS	Productos de MPS-Scrum	Observaciones
Especificación de Requerimientos	*ESPECIFICACIÓN DE REQUERIMIENTOS (ER)*	La única diferencia que existe entre los dos productos es que MPS-Scrum considera que deben ser priorizados.
Software	*SOFTWARE (SW)*	La particularidad que se le agrega en MPS-Scrum es que el producto de software debe contar con las características suficientes para desempeñarse en el ambiente requerido por el cliente.

Tabla 4. Productos de DMS y MPS-Scrum.

6.4 Relación de roles

Los roles de MPS-Scrum que coinciden con los de APE se muestran en Tabla 5. Además de las observaciones de cómo se adaptan las responsabilidades de los roles de MPS-Scrum. Lo mismo sucede con los roles de DMS que se muestran en Tabla 6.

Roles de APE	Roles de MPS-Scrum	Observaciones
Responsable de la Administración del Proyecto Específico (RAPE)	RESPONSABLE DE LA ADMINISTRACIÓN DEL PROYECTO ESPECÍFICO (RAPE)	Se extienden sus responsabilidades para incluir, entre otras, la ejecución del proceso como una de ellas.

Tabla 5. Roles de APE y MPS-Scrum.

Roles de APE	Roles de MPS-Scrum	Observaciones
Cliente (CL)	REPRESENTANTE DEL CLIENTE (REC)	Se requiere una participación activa y permanente de este rol, por lo que se define que es quien guía al EqT para que se desarrolle un producto de software valioso en el menor tiempo posible.
Equipo de Trabajo (ET)	EQUIPO DE TRABAJO (EqT)	Además de desarrollar el producto de software requerido, se necesitan que cumpla con ciertas características, destacando su capacitación, auto-organización y su disposición a colaborar para resolver problemas.

Tabla 5. Roles de APE y MPS-Scrum (continuación).

Roles de DMS	Roles de MPS-Scrum	Observaciones
Usuario	INVOLUCRADOS (IN)	Se considera que un usuario es un responsable de proporcionar sus observaciones, impresiones e indicar sus necesidades, por lo que se aprecia como un involucrado.

Tabla 6. Roles de DMS y MPS-Scrum.

Nota: RAPE, ET y CL ya fueron mencionados en Tabla 5.

6.3 Relación de actividades

En esta sección se muestra cómo se relacionaron las actividades y sub-actividades de APE y DMS con las prácticas de MPS-Scrum. Para especificar esta relación se determinó un criterio de equivalencia descrito en: 6.3.1 Criterio de equivalencia. Como consecuencia de esta relación se realizó un análisis cuantitativo y cualitativo, del cual sus resultados se describen en las secciones ¡Error! No se encuentra el origen de la referencia. y 6.3.3 Resultados del análisis cualitativo

6.3.1 Criterio de equivalencia

Para determinar una relación específica entre las actividades de de APE y DMS con las prácticas de MPS-Scrum se estableció un criterio de equivalencia que contiene los siguientes valores:

- **Completa.** Al ejecutar la práctica de esta especialización se cumple con la sub-actividad de APE o DMS. Un ejemplo de este valor se muestra en Tabla 7.

APE		MPS –Scrum		
Rol	Descripción	Práctica	Equivalencia	Observaciones
RGPY RAPE RDM	A1.1.Revisar con el Responsable de Gestión de Proyectos la *Descripción del Proyecto.*	REUNIÓN DE PLANIFICACIÓN Actividad 1	Completa	En esta actividad el RAPE, REC y EQT revisan la *DP –VISIÓN DEL SISTEMA* y realizan los ajustes necesarios.

Tabla 7. Ejemplo de una relación entre una sub-actividad de APE/DMS con una práctica de MPS-Scrum calificada como Completa.

- **Parcial.** Al ejecutar la práctica de esta especialización:
  - o Solo se ejecuta alguna parte de la sub-actividad correspondiente a un nivel de capacidad o bien,
  - o No se considera algún elemento del producto de trabajo citado o no se cuenta con alguna característica citada en la sub-actividad de APE o DMS.

Se muestra un ejemplo en Tabla 8.

APE		MPS -Scrum		
Rol	Descripción	Práctica	Equivalencia	Observaciones
RAPE	A1.4. Identificar el número de ciclos y las actividades específicas que deben llevarse a cabo para producir los entregables y sus componentes identificados en la *Descripción del Proyecto.* Identificar las actividades específicas que deben llevarse a cabo para cumplir con los objetivos del proyecto, definir las actividades para llevar a cabo revisiones periódicas al producto o servicio que se está ofreciendo y para efectuar revisiones entre colegas.	REUNIÓN DE PLANIFICACIÓN Actividad 7	Parcial (se cumple con nivel Gestionado)	El *PD –LISTA DE TAREAS* contiene las tareas a ejecutarse en el próximo ciclo, necesarias para convertir los requerimientos de más alta prioridad en un producto de software. Esto hace que las tareas contribuyan al objetivo del proyecto.

Tabla 8. Ejemplo de una relación entre una sub-actividad de APE/DMS con una práctica de MPS-Scrum calificada como Parcial.

APE		MPS -Scrum		
Rol	Descripción	Práctica	Equivalencia	Observaciones
	Identificar las actividades para llevar a cabo el *Protocolo de Entrega.* Documentar el resultado como *Ciclos y Actividades.*	REUNIÓN DE PLANIFICACIÓN Actividad 7	Parcial (se cumple con nivel Gestionado)	Las actividades de revisión del trabajo y del producto ya están definidas en la REUNIÓN DIARIA y en la REUNIÓN DE REVISIÓN.

Tabla 8. Ejemplo de una relación entre una sub-actividad de APE/DMS con una práctica de MPS-Scrum calificada como Parcial (continuación).

- **Implícita.** Al ejecutar esta especialización se cumple la sub-actividad de APE o DMS porque se encuentra indicada en el enfoque o en el contexto, o bien, se realizó al mismo tiempo que alguna práctica. Un ejemplo de esto se muestra en Tabla 9.

APE		MPS -Scrum		
Rol	Descripción	Práctica	Equivalencia	Observaciones
RGPY RAPE	A1.8. Conformar el *Equipo de Trabajo,* asignando roles y responsabilidades basándose en la *Descripción del Proyecto.*	Condiciones necesarias para la aplicación de esta especialización: Equipo de desarrolladores formado y auto-organizado.	Implícita	El contexto en donde se puede aplicar esta especialización indica que el EQT ya debe estar formado.

Tabla 9. Ejemplo de una relación entre una sub-actividad de APE/DMS con una práctica de MPS-Scrum calificada como Implícita.

- **Inexistente.** MPS-Scrum no incluye alguna práctica referente a la sub-actividad de APE o DMS. Un ejemplo se muestra en Tabla 10.

DMS		MPS -Scrum		
Rol	Descripción	Práctica	Equivalencia	Observaciones
RPU AN	A2.1. Elaborar o modificar *Plan de Pruebas de Sistema.*		Inexistente	No se incluye alguna práctica específica para la realización de pruebas de sistema, sin embargo, el EQT puede incorporar alguna tarea con respecto a éstas en el *PD –LISTA DE TAREAS.*

Tabla 10. Ejemplo de una relación entre una sub-actividad de APE/DMS con una práctica de MPS-Scrum calificada como Inexistente.

- **Posible.** Esta especialización proporciona una práctica que pude servir como base para la sub-actividad, por lo que el EQT, REC y/o RAPE pueden decidir incluirla o no como tarea en el PD -*LISTA DE TAREAS,* solo hay que considerar que se sigan cumpliendo con el enfoque de esta especialización. Un ejemplo de este criterio se muestra en Tabla 11.

APE		MPS -Scrum		
Rol	Descripción	Práctica	Equivalencia	Observaciones
RAPE	A1.9. Asignar fechas de inicio y fin a cada una de las actividades para generar el *Calendario* de trabajo tomando en cuenta los recursos asignados, la secuencia y dependencia de las actividades.		Posible	La actividad 8 de la REUNIÓN DE PLANIFICACIÓN puede servir como base para asignar fechas de inicio y fin, si el EqT lo considera necesario.

Tabla 11. Ejemplo de una relación entre una sub-actividad de APE/DMS con una práctica de MPS-Scrum calificada como Posible.

El detalle de la equivalencia de cada sub-actividad de APE y DMS con MPS-Scrum se muestra en Anexo A. Detalle de la relación de las sub-actividades de APE y DMS con MPS-Scrum.

A continuación se presentan los resultados del análisis cuantitativo y cualitativo generado de la valoración de la relación de cada sub-actividad de APE y DMS con MPS-Scrum.

6.3.2 Resultados del análisis cuantitativo

El resultado de la aplicación del criterio de equivalencia que se explica en el punto anterior a la relación entre actividades y sub-actividades de APE y DMS con las prácticas de MPS-Scrum se muestra en Tabla 12 y Tabla 13.

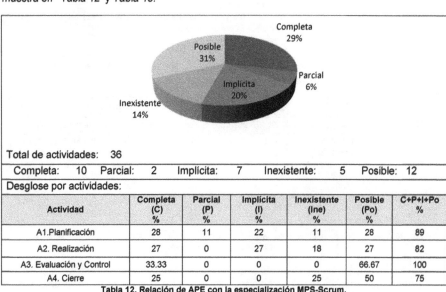

Total de actividades: 36

Completa: 10   Parcial: 2   Implícita: 7   Inexistente: 5   Posible: 12

Desglose por actividades:

Actividad	Completa (C) %	Parcial (P) %	Implícita (I) %	Inexistente (Ine) %	Posible (Po) %	C+P+I+Po %
A1.Planificación	28	11	22	11	28	89
A2. Realización	27	0	27	18	27	82
A3. Evaluación y Control	33.33	0	0	0	66.67	100
A4. Cierre	25	0	0	25	50	75

Tabla 12. Relación de APE con la especialización MPS-Scrum.

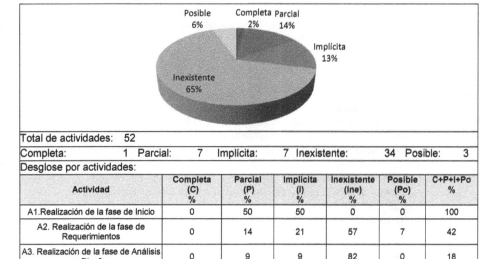

	Completa (C) %	Parcial (P) %	Implícita (I) %	Inexistente (Ine) %	Posible (Po) %	C+P+I+Po %
Actividad						
A1.Realización de la fase de Inicio	0	50	50	0	0	100
A2. Realización de la fase de Requerimientos	0	14	21	57	7	42
A3. Realización de la fase de Análisis y Diseño	0	9	9	82	0	18
A4. Realización de la fase de Construcción	0	33	17	33	17	67
A5. Realización de la fase de Integración y Pruebas	0	8	8	75	8	24
A6. Realización de la fase de Cierre	14	0	0	86	0	14

Total de actividades: 52
Completa: 1   Parcial: 7   Implícita: 7   Inexistente: 34   Posible: 3
Desglose por actividades:

Tabla 13. Relación de DMS con Especialización MPS-Scrum.

Algunas observaciones que se pueden deducir de los datos mostrados son:

- **La especialización MPS-Scrum está más orientada a administración de proyectos que a las actividades de ingeniería señaladas en DMS.** Esto se puede advertir comparando los porcentajes de la equivalencia inexistente: 14% de APE contra 65% de DMS. APE se encarga de la administración de un proyecto. Esto se origina desde Scrum debido a que éste comprende un conjunto de prácticas enfocadas a la administración de un proyecto de software. La columna C+P+I+Po proporciona una idea sobre el porcentaje de las prácticas realizables de MPS-Scrum con respecto a APE y DMS, por lo que se puede notar que las actividades de APE tienen un mayor porcentaje que las de DMS.

- **Las equivalencias con las actividades A2. Realización de la fase de Requerimientos y A4.Realización de la fase de Construcción es el punto en que se vinculan DMS y APE dentro de la especialización MPS-Scrum.** Esto se puede notar en los porcentajes de la columna C+P+I+Po de DMS. A2 y A4 cuentan con 42% y 67% en comparación con las otras actividades de ingeniería: A3 con 18% y A5 con 24%. Esto significa que hay un mayor porcentaje de prácticas realizables en A2 (requerimientos) y en A4 (construcción) que en A3 (análisis y diseño) y A5 (integración y pruebas).

- La actividad A1. Planificación de APE tiene un mayor porcentaje en la equivalencia **posible**, lo que indica que la especialización MPS-Scrum considera una planificación del proyecto reducida (tareas, responsables y estimación de tiempo). Sin embargo, las prácticas propuestas en dicha especialización pueden servir como base para planear otros aspectos del proyecto.

- La actividad A2. Realización de APE tiene porcentajes mayores en las equivalencias **implícita, completa** y **posible**, lo que indica que la mayoría de sus prácticas referentes a acordar tareas, distribución de información y reporte de actividades son cubiertas. De igual manera las referentes al seguimiento de adquisiciones y capacitación, al registro de costos y recursos reales y a la configuración del software son posibles.

- La actividad A3. Evaluación y Control de APE tiene un mayor porcentaje en la equivalencia **posible** lo que significa que las practicas referentes a la evaluación explícita del cumplimiento de costo y calendario y control de riesgos se pueden realizar tomando como plataforma una práctica de MPS-Scrum.

- En A4.Cierre de APE el mayor porcentaje es el de la equivalencia **inexistente** debido a que el 50% de las sub-actividades que se realizan son el cierre con sub-contratistas y el reporte de mediciones, lo cual no lo considera la especialización de MPS-Scrum. Ésta solo toma en cuenta una serie de actividades mínimas para el cierre del ciclo, así cuando los involucrados ya no requieran nuevas funcionalidades o cambios en las existentes, al cerrar el ciclo se cierra el proyecto.

- Las actividades A1. Planificación y A2. Realización de APE son quienes tienen un mayor porcentaje de equivalencia **implícita** en comparación con las otras actividades, lo que significa que en estas dos actividades existen sub-actividades que pueden ser simplificadas o reducidas por medio de la especialización MPS-Scrum.

6.3.3 Resultados del análisis cualitativo

Se identifican aquellos aspectos de importancia para considerar esta especialización con respecto a APE y DMS.

1. Fortalezas

Son los beneficios que se obtienen al ejecutar las prácticas de esta especialización, éstos fueron identificados con las actividades de APE y DMS[2] con valores de equivalencia: implícita, completa y parcial.

a) Reducción en las actividades necesarias para organizar el trabajo

Las prácticas y los roles de la especialización MPS-Scrum indican la organización del trabajo en términos generales, sin embargo, las tareas y el detalle de las mismas para el desarrollo del producto de software las establece el EqT. Esto se representa en la condición 3. Equipo de desarrolladores formado y auto-organizado del contexto de aplicación junto con la actividad 7 de la REUNIÓN DE PLANIFICACIÓN. El propio EqT es quien define qué tareas se van a ejecutar y determina su responsabilidad hacia el interior del equipo, por lo que cada uno de los integrantes asume el compromiso y entendimiento de las mismas. Por consiguiente, no hay necesidad de que alguien externo les asigne sus actividades, se las comunique o busque su compromiso. Es así como se reducen las actividades para organizar el trabajo entre los diferentes roles.

En cambio en A1. Planificación (A1.8) y en A2. Realización, de APE (A2.1) son roles externos al equipo de trabajo quienes lo conforman, asignan roles y distribuyen actividades. A2.1 ejecutada por RAPE y RDM, establece: "Acordar con el Responsable de Desarrollo y Mantenimiento del proyecto la asignación de tareas al *Equipo de Trabajo* incluyendo a los subcontratistas". Posteriormente, al inicio de las fases de desarrollo en DMS (A1.1, A2.1, A3.1, A4.1 y A5.1) el

---

[2] Para distinguir entre los productos y roles de APE y los de MPS-Scrum se utilizan los nombres de MPS-Scrum en VERSALES y los de APE en el estilo normal.

equipo de trabajo tiene que revisar el calendario de actividades contenido en el *Plan de Desarrollo* para lograr un entendimiento común y compromiso por parte del equipo.

El beneficio de utilizar MPS-Scrum es que no se requieren actividades para obtener el entendimiento y compromiso por parte del equipo de trabajo, porque es éste quien define su trabajo y asigna sus propias responsabilidades. Por otro lado, se puede observar que en APE y DMS son roles externos (RAPE y RDM) al equipo quienes forman al equipo de trabajo y les asignan tareas, como consecuencia de esto, se deben ejecutar actividades específicas para comunicarles sus responsabilidades y obtener un entendimiento común y su compromiso.

b) Simplificación del contenido de los productos de trabajo

MPS-Scrum considera un conjunto reducido de asuntos para planear y llevar su seguimiento durante el proyecto, algunos otros están implícitos por el enfoque y contexto de aplicación de esta especialización. Esto permite que el numero de productos de trabajo necesarios paras mantener la visibilidad del proyecto se reduzca y se simplifique su contenido. En ese conjunto reducido se encuentran: requerimientos del producto, tareas para desarrollarlo y tiempo estimado para ejecutarlas. Los primeros están reflejados en la *ESPECIFICACIÓN DE REQUERIMIENTOS*, las tareas y tiempo en *PLAN DE DESARROLLO –LISTA DE TAREAS*. Entre algunos de los implícitos están la definición del entregable, la determinación del proceso y todo lo referente al equipo de trabajo.

Mientras que en APE los asuntos a planear y llevar su seguimiento se documentan en *Plan de Proyecto* y *Plan de Desarrollo*. Debido a que están dirigidos hacia diferentes roles y que el ET no participa en su elaboración repiten la información o la describen de forma diferente. Así tenemos que:

- En el apartado *Ciclos y Actividades* del *Plan de Proyecto* se debe describir en términos generales cuantos ciclos va a tener el proyecto y cuáles serán las actividades a desarrollar en cada uno, en cambio en el *Plan de Desarrollo* en el apartado *Calendario* se describe el detalle de las actividades a realizar.
- El apartado *Equipo de Trabajo* existe tanto en el *Plan de Proyecto* como en el *Plan de Desarrollo*.

Si consideramos el uso de MPS-Scrum en comparación con APE tenemos que la mayoría de la información del *Plan de Desarrollo* se encuentra implícita en el enfoque y contexto de MPS-Scrum. Así se explica a continuación los apartados del *Plan de Desarrollo*:

- *Descripción del Producto y Entregables* (APE A1.3). En MPS-Scrum la descripción del producto se encuentra en *DESCRIPCIÓN DEL PROYECTO – VISIÓN DEL SISTEMA*. Debido al enfoque de la especialización se considera que el entregable es el producto de software.
- *Proceso Específico* (APE A1.2). La ejecución de las prácticas de la especialización MPS-Scrum señala el proceso específico a seguir.
- *Equipo de Trabajo.* Debido a la condición 3. Equipo de desarrolladores formado y auto-organizado del contexto para la aplicación de MPS-Scrum el equipo de trabajo debe estar formado, por lo que no es necesario especificarlo.
- El apartado *Calendario* contiene el detalle de las actividades, fecha de inicio y de fin, en cambio en MPS-Scrum se considera la actividad y el estimado del tiempo que hace falta para terminarla.

El beneficio es que utilizando MPS-Scrum es que algunos de los asuntos empleados para planear un proyecto están implícitos o son simplificados dentro del contenido de los productos de trabajo. Por lo que no es necesario documentar la misma información del proyecto en diferentes productos. En cambio en APE alguna de la información del proyecto se repite en el *Plan de Proyecto* y *Plan de Desarrollo,* o se describe con diferente nivel de detalle. Esto debido a que están dirigidos a diferentes roles involucrados en el proyecto.

c) Facilidad en la inclusión de solicitudes de cambios en requerimientos

La 1ª. Fase de la REUNIÓN DE REVISIÓN, es el momento específico para recibir observaciones, cambios y nuevas funcionalidades, por parte de los involucrados. Es ahí mismo, donde se discuten y se acuerdan los ajustes a los requerimientos. Así todos los involucrados conocen los cambios y las nuevas funcionalidades para el próximo ciclo. Esto permite que no sean necesarias actividades adicionales para analizar y aceptar o rechazar cambios, solo la REUNIÓN DE REVISIÓN. Lo más importante es que con este esquema es menos probable que exista alguna clase de interrupción o distracción durante el ciclo de desarrollo por motivo de la solicitud de un cambio, porque todos los involucrados conocen el momento para hacerlo.

En APE la sub-actividad 2.10 indica: "Recibir y analizar las *Solicitudes de Cambios* e incorporar los cambios aprobados en el *Plan del Proyecto* y en el *Plan de Desarrollo.* En caso de cambios a requerimientos se incorporan al inicio de un nuevo ciclo". Las sub-actividades de APE A1.12 y A1.13 son necesarias para incluir las tareas relacionadas con las solicitudes de cambios en el *Plan del Proyecto* y en el *Plan de Desarrollo.* Esto significa que la recepción y análisis de las solicitudes de cambios en requerimientos es una actividad continua que requiere de tareas adicionales para ejecutarlas. Esto puede acusar distracciones o interrupciones durante el ciclo de desarrollo.

MPS-Scrum facilita la inclusión de los cambios en requerimientos solicitados porque existe un momento específico para recibirlos, es ahí mismo se analiza y se realizan los ajustes necesarios. En APE la recepción de solicitudes de cambios es una actividad continua y requiere de trabajo adicional para analizar el cambio e incluir las tareas que se requerirán para ejecutarlo en el *Plan de Proyecto* y el *Plan de Desarrollo.*

d) Facilidad de las actividades de revisión, verificación y validación

Debido a la colaboración que existe para la elaboración de los diferentes productos de MPS-Scrum, los roles que tienen autoridad o conocimiento para revisarlos, verificarlos y validarlos contribuyen a su elaboración. Esto permite que no se requieran de actividades expresas para confirmar que el contenido de los productos de trabajo es correcto, viable y consistente. También, no se requiere que un rol comunique a otro el contenido de algún producto de trabajo porque todos los interesados contribuyen a su elaboración.

Entretanto, APE y DMS indican claramente las actividades necesarias para verificar y validar los diferentes productos de trabajo. Señalan actividades expresas para revisar algunos de los productos de trabajo con la finalidad de dar a conocer su contenido a otros roles involucrados. Por ejemplo:

- La sub-actividad de APE A1.13 se encarga de que RAPE y RDM generen el *Plan de Desarrollo,* A1.14 señala la verificación de este documento por los mismos roles y A1.16 indica la validación de este mismo producto por el RGPY. Posteriormente la sub-actividad de DMS

A1.1 señala que el ET revise el *Plan de Desarrollo* para lograr un entendimiento común. Como se puede percibir, el ET no participa en la elaboración de este documento, son otros roles quienes participan en la elaboración, por lo que es necesario que antes de empezar con las fases de desarrollo de software el ET examine cuáles son sus responsabilidades.

En MPS-Scrum no son necesarias actividades específicas para revisar, validar, verificar o dar a conocer el contenido de los productos de trabajo, debido a que los roles responsables de estas actividades colaboran en la elaboración de los productos de trabajo. En APE y DMS si existen actividades específicas para validar o verificar los productos de trabajo, además son necesarias actividades para examinar su contenido con la finalidad de que los roles involucrados lo conozcan porque los roles que intervienen en estas actividades no siempre son los que contribuyen a su elaboración.

e) Distribución de información predeterminada

En MPS-Scrum no es necesario planear como se va a distribuir la información del proyecto porque todos tienen acceso a ella. Esto debido a que entre las responsabilidades del RAPE está la de tener a disposición en un lugar visible toda la información del proyecto.

A diferencia de APE, en el que se debe seguir el *Plan de Comunicación e Implantación* para distribuir la información al equipo de trabajo como lo indica la sub-actividad A2.2: "Acordar la distribución de la información necesaria al equipo de trabajo con base en el *Plan de Comunicación e Implantación*". Por lo que es necesario establecer la forma en que se comunicarán los roles involucrados.

f) Especificación de requerimientos desde el inicio del proyecto

En MPS-Scrum desde antes de la planificación del primer ciclo el REC determina los requerimientos del producto y su prioridad. Esto permite que el EqT no retarde la definición del trabajo y estimación del tiempo necesarios para convertir dichos requerimientos en un producto de software.

Mientras que APE y DMS consideran que dentro de las actividades del proyecto está la recolección de requerimientos. La sub-actividad A1.18 de APE, que se encarga de dar inicio formal a un nuevo ciclo, en combinación con la sub-actividad A2.2 de DMS, que se ocupa entre otras cosas de identificar y consultar fuentes de información para obtener requerimientos, apuntan a que se puede iniciar un ciclo sin tener una serie de requerimientos especificados. Aunque si se asegura que al inicio del proyecto exista la *Descripción del Proyecto*, (APE: A1.1). Por lo que la definición del trabajo de las siguientes fases de desarrollo de software: Análisis y Diseño, Construcción e Integración y Pruebas están sujetas a la especificación de requerimientos, que puede estar completa o no.

En MPS-Scrum se tienen los elementos necesarios (requerimientos) para definir el trabajo necesario para convertir los requerimientos en un producto de software, junto con las estimaciones de tiempo. Sin embargo, la ejecución de APE en combinación con DMS puede permitir que la definición del trabajo necesario sea retardada hasta que se cuente con un conjunto parcial o total de los requerimientos.

g) Facilidad para proyectar el cumplimiento de lo planeado en un ciclo de desarrollo

En la especialización MPS-Scrum la práctica de ACTUALIZACIÓN DIARIA DE ESTIMADOS DEL TRABAJO RESTANTE y CONTROL DIARIO DE TAREAS permite conocer la relación del tiempo total que hace falta para terminar las tareas planeadas y el tiempo que hace falta para terminar el ciclo.

En APE y DMS se incluyen sub-actividades para recolectar los reportes de actividades al final de cada fase (APE 2.6 y DMS A1.2, A2.14, A3.11, A4.6 y A5.12) y para generar el reporte de seguimiento del proyecto (APE A3.3). Su enfoque es el de reportar el progreso de las actividades y analizarlo para conocer el avance del proyecto. Así para vislumbrar si se cumplirá o no con lo planeado, es necesario realizar un cálculo adicional para conocer el estimado del trabajo restante de las actividades establecidas para el ciclo o para el proyecto.

En MPS-Scrum es más fácil reconocer si se va a cumplir con lo planeado en el ciclo por la ejecución de las prácticas antes mencionadas y principalmente por el enfoque de estimación. En cambio en APE y DMS no especifica un reporte continuo de avance de actividades. El enfoque de reportar no permite ver el tiempo que hace falta para terminar el trabajo así, no se evidencia fácilmente si se va a cumplir con lo planeado durante el ciclo o el proyecto.

2. Riesgos

Son las situaciones identificadas a partir de las fortalezas del punto anterior (Ver **Fortalezas**). Si se presentan durante la ejecución de MPS-SCrum puede ser que no se obtengan los beneficios mencionados en dicho punto, entre ellas se identifican:

a) Fallas en el trabajo en equipo

Una de las piedras angulares para el buen funcionamiento de esta especialización es el trabajo en equipo. Esto debido a que se requiere auto-organización para definir y estimar el propio trabajo. Por lo que si existe alguna falla como: problemas de comunicación, problemas personales, no disposición a seguir las prácticas o a colaborar para resolver problemas, falta de convencimiento o entendimiento sobre el enfoque de esta especialización, se tendrá como resultado el incumplimiento con la meta del ciclo. A pesar de esto, se pueden resolver los problemas a lo largo de los ciclos mediante lo establecido en la 2ª. Fase de la REUNIÓN DE REVISIÓN por medio de los señalamientos que el propio EqT indique. Es importante que las iniciativas de mejora sean propuestas por los propios integrantes del EqT.

b) Falta de autoridad, de conocimiento o de disposición por parte del REC

En caso de que el REC no cuente con el conocimiento suficiente del área de negocio del cliente o carezca de alguna facultad que le impida tomar una decisión con respecto a los requerimientos o bien no se encuentre dispuesto a participar en las diferentes actividades, difícilmente se cumplirá el propósito del producto de software que se desarrolle. Esto debido a que las necesidades y expectativas establecidas, posiblemente, no sean las correctas o no reciban el seguimiento necesario. Si se detecta esto, el RAPE puede considerarlo como un obstáculo y darle el seguimiento adecuado con los involucrados del área de negocio del cliente.

c) Identificación incorrecta de los involucrados

En el caso en el que no se identifique a algún tipo de usuario, cliente u otro involucrado con el producto o el proyecto existe la posibilidad de que el producto de software desarrollado no cumpla con su objetivo. Esto debido a que a lo largo del proyecto o una vez iniciado no se recopilaron observaciones importantes provenientes del involucrado no identificado. Por lo que es importante, que el REC identifique en el área de negocio del cliente a todos los diferentes tipos de usuarios que interactuarán con el producto de software y de todos los involucrados que participarán como clientes.

d) Falta de participación de los involucrados

Cuando no participa alguno de los involucrados existe el riesgo de dejar de lado necesidades importantes que el producto de software debe cubrir. Debido a que el involucrado que no participa no proporciona sus observaciones o sus necesidades. Por lo que el REC debe buscar la participación de todos los involucrados, si no es posible que asistan a la REUNIÓN DE REVISIÓN, puede haber medios alternos (e-mail, conversación remota, etc.) por los que se puedan recopilar sus observaciones y necesidades.

e) Falta de disposición para eliminar obstáculos

Cuando el EQT no cuenta con el soporte de los directivos, responsables de gestión de recursos, de procesos y/o de proyectos de su propia organización va a ser difícil que los obstáculos o impedimentos que puedan surgir durante el ciclo se resuelvan con la rapidez requerida. Por lo que es importante, que el RAPE y el EQT identifiquen los obstáculos que pudieran surgir en los primeros días del ciclo de desarrollo para proporcionarles el seguimiento adecuado. Por otra parte, es necesario que la gente del negocio del cliente también se involucre y para esto sirve la 1ª. Fase de la REUNIÓN DE REVISIÓN, en la que por medio de la interacción con el producto de software desarrollado se obtenga su comprensión y su soporte.

f) Reuniones que no cumplen su objetivo

Cuando las reuniones se lleven a cabo sin cumplir con los objetivos establecidos es muy probable que surjan problemas deteriorándose el trabajo en equipo afectando la meta establecida para el ciclo. Entre los problemas relacionados con las reuniones se encuentran: prolongación de las reuniones sin llegar a acuerdos, establecimiento de acuerdos sin la opinión y puntos de vista de todos los integrantes del EQT, del RAPE o del REC y ausencia del compromiso y comprensión de todos. Sin embargo, este es un riesgo que pude ser detectado en los primeros ciclos de desarrollo y mediante la 2ª. Fase de la REUNIÓN DE REVISIÓN, resolverlo o mitigarlo, con acciones definidas por el propio EQT, RAPE o REC.

g) Reporte de actividades irreal

Si los datos reportados por los integrantes del EQT no corresponden a su trabajo real, muy probablemente no se cumpla con la meta del ciclo, haciéndose evidente esto en la REUNIÓN DE REVISIÓN. Por lo que es un riesgo que puede ser identificado en los primeros ciclos de desarrollo y en la 2ª. Fase de la REUNIÓN DE REVISIÓN plantear acciones a seguir como parte de las mejoras.

h) Falta de capacidad en el desempeño de las actividades de ingeniería

Para esta especialización se requiere que los integrantes del EQT definan su propio trabajo, el necesario para desarrollar el producto de software requerido. Esto implica que vislumbren las actividades de ingeniería tanto de manera general como de manera detallada y que decidan sobre tecnología, estándares, herramientas y lenguajes de programación que contribuyan a desarrollar el producto de software requerido. Por lo que si existiera alguna carencia o falla grave, esto va a verse reflejado desde los primeros ciclos mediante el incumplimiento de la meta del ciclo y la falta de control sobre las tareas planeadas y ejecutadas. Sin embargo, durante la 2ª. Fase de la REUNIÓN DE REVISIÓN se pueden plantear como mejoras acciones que ayuden a mitigar este riesgo. Pueden ser: asesorías externas por parte de profesionales, capacitación rápida o consulta a productos de trabajo de otros proyectos, etc.

3. Prácticas incluidas en MPS-Scrum que no se incluyen en APE

a) **Contención de factores externos.** Consiste en que el RAPE evite que factores externos interfieran con la concentración del EQT durante el ciclo de desarrollo.

b) **Atención de problemas personales.** Es el interés que el RAPE debe poner para resolver los posibles conflictos personales que pudieran surgir y que afecten el trabajo en equipo.

4. Posibilidades

Son los aspectos de la administración de proyectos que son considerados en APE, pero no en esta especialización de manera precisa. Sin embargo, MPS-Scrum proporciona alguna práctica que pudiera servir como base para abordar dichos aspectos. Entre éstos se identifican:

a) Planificación de adquisiciones y capacitación

Se pueden considerar aquéllas necesidades de capacitación y/o de adquisición de algún recurso como requerimientos técnicos indispensables para desarrollar el producto. Por lo que con previa autorización del REC se incluyen en la ESPECIFICACIÓN DE REQUERIMIENTOS con la característica de ser un requerimiento técnico. También se pueden considerar como un obstáculo para realizar alguna(s) tarea(s) en específico, detectados al principio del ciclo.

Por lo que, la REUNIÓN DE PLANIFICACIÓN, el SEGUIMIENTO A OBSTÁCULOS y la REUNIÓN DE REVISIÓN son las prácticas que son adecuadas como plataforma para planear y dar seguimiento a las adquisiciones y capacitaciones que se requieran en el proyecto.

b) Administración de riesgos

El SEGUIMIENTO A OBSTÁCULOS es la práctica que puede ser el soporte para la administración de riesgos, debido a que los riesgos se pueden considerar como impedimentos desde el principio del ciclo o bien, desde el momento en que se identifiquen. Así, se les puede proporcionar el seguimiento adecuado para evitarlos o controlar su impacto en caso de presentarse.

c) Seguimiento a los planes

La REUNIÓN DE REVISIÓN puede ser de utilidad para evaluar el cumplimiento de lo planeado. En esta reunión se evalúa el alcance del ciclo y el proceso que se ha seguido, solo se tendrían que plantear las actividades necesarias para evaluar los demás aspectos, como por ejemplo, el costo.

d) Planificación detallada de tareas

En la REUNIÓN DE PLANIFICACIÓN se planean las tareas, se asignan sus responsables y se estima el tiempo para llevarlas a cabo. Sin embargo, no hay una indicación detallada sobre sus dependencias. Por lo que en dicha reunión, el EQT puede utilizar alguna técnica específica para detectar y considerar las dependencias de las tareas y otros detalles.

e) Estimación y registro de costos.

En la REUNIÓN DE PLANIFICACIÓN se puede estimar el costo de los recursos que se emplearan en el próximo ciclo. Esto puede llevarse a cabo por algún integrante del EQT, el RAPE o algún otro involucrado, con los conocimientos necesarios. Se pueden registrar estos datos en la

ESPECIFICACIÓN DE REQUERIMIENTOS como datos adicionales. Para dar el seguimiento de lo planeado se pueden realizar los registros de los datos reales en la REUNIÓN DE REVISIÓN y revisarlos en ese momento para tomar las decisiones adecuadas.

f) Administración de la configuración del software

Si bien no existe una práctica específica para administrar la configuración del software, el EQT puede decidir utilizar algún mecanismo para este fin. Por lo que la REUNIÓN DE PLANIFICACIÓN serviría para incluir la *ESPECIFICACIÓN DE REQUERIMIENTOS* a la configuración, el CICLO DE DESARROLLO para incluir la versión del *SOFTWARE* desarrollado en ese ciclo y la REUNIÓN DE REVISIÓN para examinar que las versiones correctas de estos productos se encuentren almacenadas consistentemente.

g) Almacenamiento de Lecciones Aprendidas

Las experiencias ganadas por el EQT, el RAPE y el REC pueden ser registradas durante la 2ª. Fase de la REUNIÓN DE REVISIÓN del último ciclo, en la *Base de Conocimiento* o en algún otro medio.

5. Debilidades

No se considera la participación de subcontratistas. La orientación de esta especialización es sobre un EQT, la inclusión de subcontratistas en el proyecto se puede hacer organizándolos como otro equipo de trabajo adicional. El trabajo debe dividirse para ser realizado por varios equipos y realizar reuniones de planificación y diarias para sincronizar el trabajo. Para esto se requieren infraestructura, personal y medios que proporcionen el soporte necesario.

6. Conclusiones del análisis

Existe un 83% de prácticas realizables de APE con la especialización MPS-Scrum y un 33% de DMS, lo que indica que esta especialización está orientada a la administración de un proyecto de desarrollo de un producto de software y no tanto a las actividades de ingeniería necesarias para el desarrollo de software.

Las fases de Requerimientos (A2) y de Construcción (A4) son los puntos en donde se vincula DMS con APE dentro de MPS-Scrum, de ahí que el porcentaje de prácticas realizables, 42% y 67% respectivamente, sean mayores en comparación con las otras actividades de ingeniería (A3 y A5).

La especialización MPS-Scrum tiene fortalezas que van desde reducción de las actividades necesarias para organizar el trabajo hasta la facilidad para proyectar el cumplimiento de lo planeado. Esto originado por la simplificación de los productos de trabajo, de la reducción de roles y de una clara organización del trabajo, en términos generales.

Existen también riesgos o situaciones que impactarán los resultados de la especialización MPS-Scrum, la mayoría se centran en el trabajo de los individuos que participan en cualquiera de los roles, principalmente en su trabajo como equipo.

Los aspectos de la administración de proyectos que no considera la especialización MPS-Scrum así como lo hace APE, pero que son realizables se detectaron como posibles debido a que existe alguna práctica que suministra una base para ejecutarlos. Estos van desde la planificación de adquisiciones y de capacitación como el almacenamiento de las lecciones aprendidas.

Finalmente, la especialización MPS-Scrum, estima que el manejo de sub-contratistas es una práctica que se encuentra fuera de su alcance debido a que se requiere infraestructura y la extensión de la organización del trabajo para considerarlos como un equipo de trabajo adicional.

7. Conclusiones

Los modelos de procesos de software buscan que se establezcan prácticas que lleven a la entrega de software de calidad y que satisfaga las necesidades del cliente. Por esa razón conjuntan prácticas probadas en la industria. MoProSoft es un modelo de procesos que posee esta característica y que define muy claramente el área operativa del desarrollo de software con los procesos: Administración de Proyectos Específicos (APE) y Desarrollo y Mantenimiento de Software (DMS).

Las prácticas que permiten el desarrollo ágil del software son una necesidad de la evolución de equipos de trabajo y de organizaciones dedicados al desarrollo de software. Una vez que sus procesos están establecidos buscan mejorarlos para aumentar su productividad sin dejar de cumplir sus objetivos. Es en este punto donde las prácticas ágiles pueden ayudar. Scrum es un marco de trabajo ágil que estructura prácticas para administrar un proyecto de desarrollo de software. Esto lo hace definiendo pocas prácticas, roles y productos, además de reglas claras.

La propuesta que se realiza en este trabajo MPS-Scrum articula prácticas que permiten agilizar el desarrollo de software con base en Scrum tomando los roles y productos de APE y DMS de MoProSoft. Esto con la finalidad de obtener las ventajas de las prácticas ágiles en el trabajo de equipos u organizaciones que siguen procesos de administración de proyectos y de desarrollo de software establecidos mediante APE y DMS. Por un lado, Scrum se concentra en la administración de un proyecto que entregue un producto de software valioso para el cliente. Por otra parte, APE y DMS definen claramente prácticas probadas y aceptadas en la industria.

MPS-Scrum tiene la intención de ayudar a los equipos u organizaciones que adopten prácticas que causen un efecto positivo en su productividad tomando ventaja de su experiencia, habilidades y capacitación. Esto sin descuidar los objetivos de realizar proyectos que entreguen productos de software que satisfagan las necesidades del cliente en el tiempo y costo acordados.

MPS-Scrum fue sometida a la revisión de un experto en la implantación de prácticas ágiles en la industria y enterado de MoProSoft. La opinión de éste fue que las prácticas contenidas en MPS-Scrum son realizables. Debido a su experiencia en la industria mexicana de desarrollo de software confirmó que MPS-Scrum tiene los elementos necesarios para llevar a cabo su implantación en las empresas.

El trabajo futuro para MPS-Scrum es someter a experimentación la implantación de sus prácticas en un equipo de trabajo u organización de desarrollo de software. Para esto se debe considerar las condiciones descritas en el contexto. Los resultados del experimento permitirán ajustar las prácticas contenidas en MPS-Scrum para cumplir con las necesidades de la industria.

Anexo A. Detalle de la relación de las sub-actividades de APE y DMS con MPS-Scrum.

A.1 Detalle de la relación de sub-actividades de APE con MPS-Scrum.

Se muestra a continuación cada una de las sub-actividades de APE [2] y la relación con la práctica específica de MPS-Scrum. También con el valor de equivalencia con el que se calificó dicha relación, de acuerdo al criterio explicado en 6.3.1 Criterio de equivalencia.

Además, se incluyen las observaciones sobre la equivalencia.

APE		MPS -Scrum		
Rol	Descripción	Práctica	Equivalencia	Observaciones
A1. Planificación (O1)				
RGPY RAPE RDM	A1.1.Revisar con el Responsable de Gestión de Proyectos la *Descripción del Proyecto*.	REUNIÓN DE PLANIFICACIÓN Actividad 1	Completa	Con MPS-Scrum, en la Actividad 1 de la Reunión de Planificación el RAPE, REC y EQT revisan la *DP – VISIÓN DEL SISTEMA* y realizan los ajustes necesarios.[3]
RAPE	A1.2. Con base en la *Descripción del Proyecto*, definir el *Proceso Específico* del proyecto a partir del proceso de *Desarrollo y Mantenimiento de Software* de la organización o a partir del acuerdo establecido con el Cliente. Se considera el alcance, la magnitud y complejidad del proyecto.		Implícita	Al seguir MPS-Scrum el *Proceso Específico* ya está definido con el conjunto de prácticas que se proponen y con un enfoque específico.

---

[3] Para distinguir entre los productos y roles de APE y los de MPS-Scrum se utilizan los nombres de MPS-Scrum en VERSALES y los de APE en el estilo normal.

APE		MPS -Scrum		
Rol	Descripción	Práctica	Equivalencia	Observaciones
RAPE CL	A1.3. Definir *conjuntamente* con el Cliente el *Protocolo de Entrega* de cada uno de los entregables especificados en la *Descripción del Proyecto*.	Enfoque hacia el producto REUNIÓN DE PLANIFICACIÓN Actividad 6 REUNIÓN DE REVISIÓN	Completa	El enfoque de MPS-Scrum, hacia el producto establece que el entregable es un producto de software, por lo que el entregable es conocido. En la Actividad 6 de la REUNIÓN DE PLANIFICACIÓN se deben establecer las características que *Sw* debe cumplir para ser ejecutado en al ambiente operativo requerido por el cliente. Se debe recordar que en esa reunión participa el REPRESENTANTE DEL CLIENTE (REC). El *Protocolo de Entrega* está implícito en la dinámica de la REUNIÓN DE REVISIÓN porque la serie de actividades definidas para la reunión indican la forma de entregar el producto de software.
RAPE	A1.4. Identificar el número de ciclos y las actividades específicas que deben llevarse a cabo para producir los entregables y sus componentes identificados en la *Descripción del Proyecto*. Identificar las actividades específicas que deben llevarse a cabo para cumplir con los objetivos del proyecto, definir las actividades para llevar a cabo revisiones periódicas al producto o servicio que se está ofreciendo y para efectuar revisiones entre colegas. Identificar las actividades para llevar a cabo el *Protocolo de Entrega*. Documentar el resultado como	Enfoque hacia el producto de MPS-Scrum. PREPARACIÓN DEL PROYECTO Actividad 2 REUNIÓN DE PLANIFICACIÓN Actividad 7	Completa	El enfoque de MPS-Scrum establece que el entregable es un producto de software. En la Actividad 2 de PREPARACIÓN DEL PROYECTO se identifican los requerimientos del producto de software y se agrupan indicando los posibles ciclos que puede tener el proyecto. Durante la Actividad 7 de la REUNIÓN DE PLANIFICACIÓN de MPS-Scrum se elabora *PD – LISTA DE TAREAS*. Éste contiene las tareas que son necesarias para convertir los

APE		MPS -Scrum		
Rol	Descripción	Práctica	Equivalencia	Observaciones
	Ciclos y Actividades.			requerimientos de más alta prioridad en un producto de software. Esto hace que las tareas contribuyan al objetivo del proyecto. Las actividades de revisión del producto están definidas por la REUNIÓN DE REVISIÓN. Las revisiones entre colegas se llevan a cabo en la REUNIÓN DE PLANIFICACIÓN, principalmente en la revisión de *DP-VISIÓN DEL SISTEMA* y *ESPECIFICACIÓN DE REQUERIMIENTOS.* La *REUNIÓN DIARIA* constituye una forma de revisión entre colegas del trabajo realizado.
RAPE	A1.5 Identificar y documentar la relación y dependencia de cada una de las actividades.		Posible	La Actividad 8 de la REUNIÓN DE PLANIFICACIÓN de MPS-Scrum puede servir como base para esta actividad documentando la relación y dependencia entre las tareas en el *PD-LISTA DE TAREAS.*
RAPE RDM	A1.6. Establecer el *Tiempo Estimado* para desarrollar cada actividad considerando la información histórica y las *Metas Cuantitativas para el Proyecto.*	REUNIÓN DE PLANIFICACIÓN Actividad 8	Parcial (se cumple con el nivel Realizado)	En la Actividad 8 de LA REUNIÓN DE PLANIFICACIÓN de MPS-Scrum se realiza el estimado del tiempo necesario para realizar cada tarea que se realizará en el próximo ciclo. Esta información se encuentra en *PD-LISTA DE TAREAS.* Sin embargo, no se indica explícitamente que se deben utilizar datos históricos y metas cuantitativas. Aunque esto

APE		MPS -Scrum		
Rol	Descripción	Práctica	Equivalencia	Observaciones
				no significa que el EqT no pueda considerar datos históricos para realizar el estimado.
RAPE	A1.7 Elaborar el *Plan de Adquisiciones y Capacitación*, definiendo las características y el calendario en cuanto a recursos humanos, materiales, equipo y herramientas, incluyendo la capacitación requerida para que el equipo de trabajo pueda desempeñar el proyecto.		Posible	En la *ESPECIFICACIÓN DE REQUERIMIENTOS* de MPS-Scrum se puede agregar cualquier requerimiento técnico para construir el producto de software. Por lo que en la dinámica de su manejo se puede incluir algún requerimiento de recursos. LA PREPARACIÓN DEL PROYECTO, la REUNIÓN DE PLANIFICACIÓN y la REUNIÓN DE REVISIÓN sirven como base para ejecutar esta sub-actividad. Por otro lado el SEGUIMIENTO A OBSTÁCULOS es una práctica que también puede servir de base para esta sub-actividad al manejar la adquisición de un recurso o una capacitación como un obstáculo para el trabajo diario.
I	A1.8. Conformar el *Equipo de Trabajo*, asignando roles y responsabilidades basándose en la *Descripción del Proyecto*.	Condiciones necesarias para la aplicación de esta especialización: Equipo de desarrolladores formado y auto-organizado.	Implícita	El contexto de MPS-Scrum establece como condición necesaria que el EqT ya debe estar formado.

APE		MPS -Scrum		
Rol	Descripción	Práctica	Equivalencia	Observaciones
RAPE	A1.9. Asignar fechas de inicio y fin a cada una de las actividades para generar el *Calendario* de trabajo tomando en cuenta los recursos asignados, la secuencia y dependencia de las actividades.		Posible	En MPS-Scrum la Actividad 8 de la REUNIÓN DE PLANIFICACIÓN puede servir como base para asignar fechas de inicio y fin a las tareas del *PD-LISTA DE TAREAS*, documentándolas en este mismo producto.
RAPE	A1.10 Evaluar y documentar el *Costo Estimado* del proyecto, tomando en cuenta las *Metas Cuantitativas para el Proyecto*.		Posible	En MPS-Scrum es posible estimar costo(s) de los recursos que se emplearán ciclo a ciclo por el RAPE, por algún integrante del EQT o involucrado con conocimiento de las técnicas de estimación.
RGPY RAPE RDM	A1.11.Identificar, describir y evaluar los riesgos que pueden afectar el proyecto, que contemple riesgos relacionados con el equipo de trabajo incluyendo al Cliente y a los usuarios, riesgos con la tecnología o la metodología, riesgos con la organización del proyecto (costo, tiempo, alcance y recursos) o riesgos externos al proyecto. Identificar la probabilidad e impacto de cada riesgo estimando sus implicaciones en los objetivos del proyecto (análisis cuantitativo). Priorizar los efectos de los riesgos sobre los objetivos del proyecto (análisis cualitativo). Desarrollar procedimientos para reducir el impacto de los riesgos. Documentar en el *Plan de Manejo de Riesgos* o actualizarlo.		Posible	La práctica que puede servir como base para ejecutar esta sub-actividad es SEGUIMIENTO A OBSTÁCULOS de MPS-Scrum. Las situaciones que son detectadas como riesgos por el EQT o RAPE pueden ser manejadas como obstáculos priorizados.

APE			MPS -Scrum	
Rol	Descripción	Práctica	Equivalencia	Observaciones
				Por lo que la REUNIÓN DE PLANIFICACIÓN de MPS-Scrum sirve como base para efectuar esta actividad.
RAPE	A1.12. Generar el *Plan del Proyecto* o actualizarlo antes de iniciar un nuevo ciclo. Además el *Plan del Proyecto* se puede actualizar a causa de *Solicitud de Cambios* por parte del Cliente, *Acciones Correctivas o Preventivas* provenientes de Gestión de Proyectos o *Acciones Correctivas* de este proceso.	REUNIÓN DE PLANIFICACIÓN Actividades 4, 6, 7 y 8	Parcial (no se consideran: *Plan de Adquisiciones* y *Capacitación, Costo Estimado* y *Plan de Manejo de Riesgos*)	Los datos referentes a *Ciclos* y *Actividades, Tiempo Estimado, Calendario* y *Protocolo de Entrega* se encuentran en la ESPECIFICACIÓN DE REQUERIMIENTOS y el PD-LISTA DE TAREAS. *Ciclos* y *Actividades,* se encuentra en la ESPECIFICACIÓN DE REQUERIMIENTOS donde se indican las metas de cada uno de los ciclos y en PD-LISTA DE TAREAS las actividades (tareas) establecidas para cada uno de los ciclos (actividad 7). El *Tiempo Estimado* se encuentra en ESPECIFICACIÓN DE REQUERIMIENTOS y en PD-LISTA DE TAREAS. En el primero el tiempo estimado para implementar cada uno de los requerimientos (actividades 4 y 8 de REUNIÓN DE PLANIFICACIÓN) y en el segundo para cada una de las tareas. El *Protocolo de Entrega* se encuentra de manera implícita en el enfoque de esta especialización y se complementa en la actividad 6 de la REUNIÓN DE PLANIFICACIÓN (Ver Observaciones de A1.3).

APE			MPS -Scrum	
Rol	Descripción	Práctica	Equivalencia	Observaciones
				Tanto la *ESPECIFICACIÓN DE REQUERIMIENTOS* como el *PD –LISTA DE TAREAS*, se modifican ciclo a ciclo con los resultados de la REUNIÓN DE REVISIÓN, por lo que también son actualizados.
RAPE RDM	A1.13. Generar el *Plan de Desarrollo* en función del *Plan del Proyecto* o actualizarlo antes de iniciar un nuevo ciclo. Además el *Plan de Desarrollo* se puede actualizar a causa de *Solicitud de Cambios* por parte del Cliente, *Acciones Correctivas o Preventivas* provenientes de Gestión de Proyectos o *Acciones Correctivas* de este proceso.	REUNIÓN DE PLANIFICACIÓN Actividades 7 y 8	Completa	Todos los elementos del *Plan de Desarrollo* se encuentran tanto implícitos como en el *PD –LISTA DE TAREAS* y en la *DP-VISIÓN DEL SISTEMA*. Con respecto a la *Descripción del Producto* y *Entregables*, el enfoque hacia el producto determina implícitamente el entregable y la *DP-VISIÓN DEL SISTEMA* contiene el enfoque del producto a desarrollar. El *Proceso Específico*, está de manera implícita en esta especialización como se describe en Observaciones de A1.2. El *Equipo de Trabajo* debe estar definido como lo indica el contexto de esta especialización en la condición Equipo de desarrolladores formado y auto-organizado. El *Calendario* se especifica en las actividades 7 y 8 de la REUNIÓN DE PLANIFICACIÓN. Tanto el *PD –LISTA DE TAREAS* como la *DP-VISIÓN DEL SISTEMA*, se modifican ciclo a ciclo con los resultados de la REUNIÓN DE REVISIÓN.

APE		MPS -Scrum		
Rol	Descripción	Práctica	Equivalencia	Observaciones
RAPE RDM	A1.14. Verificar el *Plan del Proyecto* y el *Plan de Desarrollo* (Ver1).	REUNIÓN DE PLANIFICACIÓN Actividades 7 y 8	Implícita	No es necesario verificar el *Plan de Proyecto* porque los aspectos que se consideran en MPS-Scrum (*Ciclos y Actividades, Tiempo Estimado, Calendario y Protocolo de Entrega*) se encuentran de manera implícita en la ESPECIFICACIÓN DE REQUERIMIENTOS y *PD-LISTA DE TAREAS*. Al ejecutar las actividades 7 y 8 los integrantes del EqT participan generando el *PD-LISTA DE TAREAS* y por lo tanto revisando su consistencia.
RAPE	A1.15. Corregir los defectos encontrados en el *Plan del Proyecto* y en el *Plan de Desarrollo* con base en el *Reporte de Verificación* y obtener la aprobación de las correcciones.		Inexistente	La corrección de defectos no es una actividad explícita en MPS-Scrum.
RGPY	A1.16. Validar el *Plan del Proyecto* y el *Plan de Desarrollo* (Val1).	PREPARACIÓN DEL PROYECTO REUNIÓN DE PLANIFICACIÓN Actividad 1	Implícita	En APE, la finalidad de validar el *Plan de Proyecto* y el *Plan de Desarrollo* es revisar que el contenido de estos productos esté acorde a la *Descripción del Proyecto*. En MPS-Scrum el contenido de los productos de trabajo toma como punto de partida *DP-VISIÓN DEL SISTEMA* y ESPECIFICACIÓN DE REQUERIMIENTOS que son elaborados por el REC y es éste quien conoce las necesidades del cliente. Lo mismo sucede con *PD-LISTA DE TAREAS* el cual se genera a partir de los

APE			MPS -Scrum	
Rol	Descripción	Práctica	Equivalencia	Observaciones
				requerimientos seleccionados de *ESPECIFICACIÓN DE REQUERIMIENTOS*. Así todo el trabajo gira en torno a lo que el cliente necesita. Además, cuando todos revisan la *DP - VISIÓN DEL SISTEMA* en la Actividad 1 de la REUNIÓN DE PLANIFICACIÓN se está repasando continuamente este producto para no perder de vista su contenido.
RAPE	A1.17. Corregir los defectos encontrados en el *Plan del Proyecto* y *Plan de Desarrollo* con base en el *Reporte de Validación* y obtener la aprobación de las correcciones.		Inexistente	No existe la corrección de defectos en MPS-Scrum porque al mismo tiempo que se elaboran los productos se valida su contenido.
RAPE RDM	A1.18. Dar inicio formal a un nuevo ciclo una vez que se haya asegurado el cumplimiento de las condiciones iniciales del ciclo.	REUNIÓN DE REVISIÓN Actividad 5	Completa	En la REUNIÓN DE REVISIÓN de MPS-Scrum se conviene la fecha de la próxima reunión de esta naturaleza, con esto se da la pauta para el próximo ciclo.
A2. Realización (O1, O2, O3)				
RAPE RDM	A2.1 Acordar con el Responsable de Desarrollo y Mantenimiento del proyecto la asignación de tareas al *Equipo de Trabajo* incluyendo a los subcontratistas.	REUNIÓN DE PLANIFICACIÓN Actividad 7	Implícita	En MPS-Scrum el propio EqT define sus tareas y responsabilidades, por lo que no hay necesidades de asignarle tareas.

APE		MPS -Scrum		
Rol	Descripción	Práctica	Equivalencia	Observaciones
RAPE RDM	A2.2. Acordar la distribución de la información necesaria al equipo de trabajo con base en el *Plan de Comunicación e Implantación*.	REUNIÓN DE PLANIFICACIÓN REUNIÓN DIARIA REUNIÓN DE REVISIÓN	Implícita	Aunque no existe un *Plan de Comunicación e Implantación* explícito, en MPs-Scrum la distribución de la comunicación está clara con los roles que deben participar en las reuniones citadas y en las actividades que se realizan en ellas.
RAPE RDM	A2.3. Revisar con el Responsable de Desarrollo y Mantenimiento del proyecto la *Descripción del Producto*, el *Equipo de Trabajo* y *Calendario*.	Condiciones necesarias para la aplicación de esta especialización: 3. Equipo de desarrolladores formado y auto-organizado. REUNIÓN DE PLANIFICACIÓN	Implícita	Debido a la forma en que participan los roles en las actividades de las prácticas de MPS-Scrum no es necesario alguna actividad de revisión con los participantes de algún contenido de un producto de trabajo. Los roles a los que les corresponde conocer el contenido del producto participan en su elaboración. Específicamente los datos de *Descripción del Producto*, el *Equipo de Trabajo* y *Calendario* son conocidos por todos los roles. *Descripción del Producto* en *DP-VISIÓN DEL SISTEMA*. *Equipo de Trabajo* es una condición del contexto de MPS-Scrum. *Calendario* se encuentra en *PD-LISTA DE TAREAS*.

APE		MPS -Scrum		
Rol	Descripción	Práctica	Equivalencia	Observaciones
RAPE RDM RSC	A2.4. Dar seguimiento al *Plan de Adquisiciones y Capacitación*. Aceptar o rechazar la *Asignación de Recursos* humanos o subcontratistas. Distribuir los recursos a los miembros del equipo para que puedan llevar a cabo las actividades.		Posible	En MPS-Scrum se puede incluir alguna necesidad de capacitación o adquisición como requerimiento técnico en *ESPECIFICACIÓN DE REQUERIMIENTOS*. En este caso la REUNIÓN DE REVISIÓN puede servir como práctica base para darle seguimiento. También, este tipo de necesidades pueden ser incluidas como un obstáculo y manejarlas con SEGUIMIENTO A OBSTÁCULOS.
RAPE RSC	A2.5. Manejar la relación con subcontratistas que implica planificar, revisar y auditar las actividades, asegurando la calidad de los productos o servicios contratados y el cumplimiento con los estándares y especificaciones acordadas.		Inexistente	En MPS-Scrum no se consideran prácticas específicas para el manejo de subcontratistas. Sin embargo sería posible considerarlo como un EqT más.
RAPE	A2.6. Recolectar y analizar los *Reportes de Actividades*, *Reportes de Mediciones* y *Sugerencias de Mejora* y productos de trabajo.	REUNIÓN DIARIA REUNIÓN DE REVISIÓN 2ª. Fase ACTUALIZACIÓN DIARIA DE ESTIMADOS DEL TRABAJO RESTANTE.	Completa	En MPS-Scrum el informe que presenta cada miembro en la REUNIÓN DIARIA está orientado a reportar sus actividades. La 2ª. Fase de la REUNIÓN DE REVISIÓN está orientada a atender las sugerencias de mejora que el EqT y el RAPE señalen. La medición principal es el tiempo estimado para terminar las tareas planeadas ciclo a ciclo, por lo que se actualizan diariamente.

APE			MPS -Scrum	
Rol	Descripción	Práctica	Equivalencia	Observaciones
RAPE	A2.7. Registrar los costos y recursos reales del ciclo.		Posible	Si se estima ciclo a ciclo los costos y al final de éste se registran los costos y recursos reales como algún dato adicional, la REUNIÓN DE REVISIÓN puede servir como plataforma para realizar esta actividad.
RAPE	A2.8 Revisar el *Registro de Rastreo* de los requerimientos del usuario a través del ciclo.		Inexistente	En MPS-Scrum no existe un registro de rastreo. Sin embargo, existe rastreabilidad entre los requerimientos comprometidos (meta del ciclo), las tareas y el producto de software que se desarrollan en cada ciclo.
RAPE RDM	A2.9. Revisar los productos generados durante el ciclo, que forman parte de la *Configuración de Software*.		Posible	Aunque en la REUNIÓN DE REVISIÓN está orientada a la revisión del software, bien podría servir de plataforma para incorporar actividades de revisión con la finalidad de que los productos de trabajo generados sean consistentes.
RAPE RDM	A2.10. Recibir y analizar las *Solicitudes de Cambios* e incorporar los cambios aprobados en el *Plan del Proyecto* y en el *Plan de Desarrollo*. En caso de cambios a requerimientos se incorporan al inicio de un nuevo ciclo.	REUNIÓN DE REVISIÓN 1ª. Fase	Completa	La 1ª. Fase de la REUNIÓN DE REVISIÓN está orientada a que el REC y demás involucrados (IN) proporcionen los cambios necesarios para ser incorporados en la ESPECIFICACIÓN DE REQUERIMIENTOS.
RAPE ET CL	A2.11. Conduce reuniones de revisión con el equipo de trabajo y con el Cliente, generando *Minutas* con puntos tratados y acuerdos tomados.	REUNIÓN DIARIA REUNIÓN DE REVISIÓN 1ª. Fase	Completa	En MPS-Scrum se realiza la revisión del trabajo mediante la REUNIÓN DIARIA. Los puntos tratados se encuentran dentro de la dinámica de dicha reunión. Los acuerdos tomados pueden

APE		MPS -Scrum		
Rol	Descripción	Práctica	Equivalencia	Observaciones
				ser resueltos ahí mismo entre quienes estén involucrados. Por otro lado, la REUNIÓN DE REVISIÓN es donde se revisa el trabajo con el Cliente. Los puntos tratados son lo que marca la dinámica de la reunión y los acuerdos tomados se ven reflejados en las modificaciones a *ESPECIFICACIÓN DE REQUERIMIENTOS.*
A3. Evaluación y Control (O1)				
RAPE	A3.1. Evaluar el cumplimiento del *Plan del Proyecto* y el *Plan de Desarrollo*, con respecto al alcance, costo, calendario, equipo de trabajo, proceso y se establecen *Acciones Correctivas.*		Posible	El software que se presenta funcionando en la REUNIÓN DE REVISIÓN es el reflejo de lo que se lleva cumplido con respecto a lo planeado. Además, el CONTROL DIARIO DE LAS TAREAS permite evaluar el avance de las tareas con respecto a la planificación que se realizó en la REUNIÓN DE PLANIFICACIÓN. Por lo tanto, la REUNIÓN DE REVISIÓN y el CONTROL DIARIO DE LAS TAREAS pueden servir como apoyo a esta sub-actividad.
RAPE RGPY	A3.2. Dar seguimiento y controlar el *Plan de Manejo de Riesgos*. Identificar nuevos riesgos y actualizar el plan.		Posible	La actividad continua SEGUIMIENTO A OBSTÁCULOS puede servir como base para dar seguimiento a los riesgos que se identificaron y que se incluyeron como impedimentos.

APE		MPS -Scrum		
Rol	Descripción	Práctica	Equivalencia	Observaciones
RAPE	A3.3.Generar el *Reporte de Seguimiento* del proyecto, considerando los *Reportes de Actividades*.	CONTROL DE TAREAS	Completa	El CONTROL DIARIO DE TAREAS es un punto importante para proporcionar la visibilidad necesaria para inspeccionar y realizar los ajustes necesarios. La GRÁFICA DE TRABAJO RESTANTE es una herramienta que puede apoyar proporcionando una idea global del avance de las tareas durante el ciclo.
A4. Cierre (O1)				
RAPE CL	A4.1.Formalizar la terminación del ciclo o del proyecto de acuerdo al *Protocolo de Entrega* establecido en el *Plan del Proyecto* y obtener el *Documento de Aceptación*.	REUNIÓN DE REVISIÓN 1ª. Fase	Completa	Durante la 1ª. Fase de la REUNIÓN DE REVISIÓN se lleva a cabo la terminación del ciclo y al final del proyecto se acepta el producto de software cuando no quedan más requerimientos que implementar en la ESPECIFICACIÓN DE REQUERIMIENTOS.
RAPE RSC	A4.2.Efectuar el cierre con subcontratistas de acuerdo al contrato establecido.		Inexistente	No se incluye ninguna actividad referente al cierre con subcontratistas.
RAPE	A4.3. Generar el *Reporte de Mediciones y Sugerencias de Mejora* de este proceso, de acuerdo al *Plan de Mediciones de Procesos*.		Posible	En MPS-Scrum no se incluye explícitamente un *Reporte de Mediciones y Sugerencias de Mejora*. Sin embargo en la 2ª. Fase de la REUNIÓN DE REVISIÓN se realiza la retroalimentación sobre la ejecución del ciclo y se determinan las acciones a seguir para realizar las mejoras al proceso. Por lo

APE			MPS -Scrum		
Rol	Descripción	Práctica	Equivalencia	Observaciones	
				tanto, la 2ª. Fase de la REUNIÓN DE REVISIÓN puede servir como base para ejecutar esta sub-actividad.	
RAPE	A4.4. Identificar las *Lecciones Aprendidas* e integrarlas a la *Base de Conocimiento*. Como ejemplo, se pueden considerar mejores prácticas, experiencias exitosas de manejo de riesgos problemas recurrentes, entre otras.		Posible	La 2ª. Fase de la REUNIÓN DE REVISIÓN del último ciclo puede servir como apoyo para identificar las *Lecciones Aprendidas*, de acuerdo a la experiencia de los integrantes del EQT, RAPE y REC registrándolas en la *Base de Conocimiento* o en algún otro medio disponible.	

A.2 Detalle de la relación de sub-actividades de DMS con MPS-Scrum.

Se muestra a continuación cada una de las sub-actividades de DMS [2] y la relación con la práctica específica de MPS-Scrum. También con el valor de equivalencia con el que se calificó dicha relación, de acuerdo al criterio explicado en 6.3.1 Criterio de equivalencia.

Además, se incluyen las observaciones sobre la equivalencia.

DMS		MPS –Scrum		
Rol	Descripción	Práctica	Equivalencia	Observaciones
A1. Realización de la fase de Inicio (O3)				
ET	A1.1. Revisar con los miembros del equipo de trabajo el *Plan de Desarrollo* actual para lograr un entendimiento común y obtener su compromiso con el proyecto.	REUNIÓN DE PLANIFICACIÓN Actividad 7	Implícita	El propio EqT es quien genera el *PD-LISTA DE TAREAS* por lo que se logra el entendimiento por todos los integrantes[4].
RD M	A1.2. Elaborar el *Reporte de Actividades* registrando las actividades realizadas, fechas de inicio y fin, responsable por actividad y mediciones requeridas.	REUNIÓN DIARIA	Parcial (no se considera fechas de inicio y fin y mediciones requeridas)	Aunque en la REUNIÓN DIARIA se reportan las actividades realizadas, por realizar y los impedimentos que surgen no se registra la fecha de inicio y fin o las mediciones requeridas.
A2. Realización de la fase de Requerimientos (O1,O3)				
RPU AN	A2.1. Elaborar o modificar *Plan de Pruebas de Sistema*.		Inexistente	No se incluye alguna práctica específica para la realización de pruebas de sistema, sin embargo, el EqT puede incorporar alguna tarea con respecto a éstas en el *PD –LISTA DE TAREAS*.
RDM AN	A2.2. Distribuir tareas a los miembros del equipo de trabajo según su rol, de acuerdo al *Plan de Desarrollo* actual.	REUNIÓN DE PLANIFICACIÓN Actividad 7	Implícita	Debido a que el EqT genera el PD-LISTA DE TAREAS son los propios integrantes los que se asignan las tareas.
AN CL US DU	A2.3. Documentar o modificar la *Especificación de Requerimientos*. • Identificar y consultar fuentes de información (clientes, usuarios, sistemas previos, documentos, etc.) para obtener nuevos requerimientos. • Analizar los requerimientos identificados para delimitar el	PREPARACIÓN DEL PROYECTO REUNIÓN DE PLANIFICACIÓN Actividad 2 REUNIÓN DE REVISIÓN Actividad 4	Parcial (no se considera Elaborar o modificar el prototipo de la interfaz de usuario)	La PREPARACIÓN DEL PROYECTO, la actividad 2 de la REUNIÓN DE PLANIFICACIÓN y la actividad 4 de la REUNIÓN DE REVISIÓN están orientadas a la elaboración o actualización de la *ESPECIFICACIÓN DE REQUERIMIENTOS*. No se

[4] Para distinguir entre los productos y roles de DMS y los de MPS-Scrum se utilizan los nombres de MPS-Scrum en VERSALES y los de APE en el estilo normal.

DMS		MPS –Scrum		
Rol	Descripción	Práctica	Equivalencia	Observaciones
	alcance y su factibilidad, considerando las restricciones del ambiente del negocio del cliente o del proyecto. • Elaborar o modificar el prototipo de la interfaz con el usuario. • Generar o actualizar la *Especificación de Requerimientos*.			considera generar un prototipo de interfaz de usuario específicamente. Sin embargo, si el EQT considera necesario realizarlo lo puede incluir como tarea en el *PD-LISTA DE TAREAS*.
RE	A2.4. Verificar la *Especificación de Requerimientos* (**Ver1**).	REUNIÓN DE PLANIFICACIÓN Actividad 2 y 5	Implícita	Cuando el EQT pregunta sobre el contenido, propósito y significado de los requerimientos se verifica su claridad, su consistencia y si son ambiguos o contradictorios se realizan los ajustes necesarios. En la Actividad 5 se examina su viabilidad al determinar el alcance para el próximo ciclo. Cuando el EQT considera que un requerimiento no es viable no lo considera para la meta del ciclo, argumentando las razones con el REC, llegando a un acuerdo.
AN DU	A2.5. Corregir los defectos encontrados en la *Especificación de Requerimientos* con base en el *Reporte de Verificación* y obtener la aprobación de las correcciones.		Inexistente	La corrección de defectos no es una actividad explícita en MPS-Scrum.
CL US RPU	A2.6. Validar la *Especificación de Requerimientos* (**Val1**).	PREPARACIÓN DEL PROYECTO REUNIÓN DE PLANIFICACIÓN Actividad 2 REUNIÓN DE REVISIÓN Actividad 4	Implícita	Al elaborar o actualizar la *ESPECIFICACIÓN DE REQUERIMIENTOS* por el REC se asegura que se establecen las necesidades y expectativas del cliente.
AN DU	A2.7. Corregir los defectos encontrados en la *Especificación de Requerimientos* con base en el *Reporte de Validación* y		Inexistente	La corrección de defectos no es una actividad explícita en MPS-Scrum.

DMS		MPS –Scrum		
Rol	Descripción	Práctica	Equivalencia	Observaciones
	obtener la aprobación de las correcciones.			
RPU AN	A2.8. Elaborar o modificar *Plan de Pruebas de Sistema.*		Inexistente	No se incluye alguna práctica específica para la realización de pruebas de sistema, sin embargo, el EQT puede incorporar alguna tarea con respecto a éstas en el PLAN DE DESARROLLO –LISTA DE TAREAS.
RE	A2.9. Verificar el *Plan de Pruebas de Sistema* (**Ver2**).		Inexistente	No se incluye la verificación del *Plan de Pruebas de Sistema.*
RPU	A2.10. Corregir los defectos encontrados en el *Plan de Pruebas de Sistema* con base en el *Reporte de Verificación* y obtener la aprobación de las correcciones.		Inexistente	No se incluye la corrección de defectos del *Plan de Pruebas de Sistema.*
RM	A2.11. Documentar la versión preliminar del *Manual de Usuario* o modificar el manual existente.		Inexistente	No se incluye alguna práctica específica para la realización de documentación de usuario, como el *Manual de Usuario,* sin embargo, el EQT puede incorporar alguna tarea para elaborarlo en el PD –LISTA DE TAREAS.
RE	A2.12. Verificar el *Manual de Usuario* (**Ver3**).		Inexistente	No se considera la verificación del *Manual de Usuario.*
RM	A2.13. Corregir los defectos encontrados en el *Manual de Usuario* con base en el *Reporte de Verificación* y obtener la aprobación de las correcciones.		Inexistente	No se considera la corrección de defectos del *Manual de Usuario.*
RDM	A2.14. Incorporar *Especificación de Requerimientos, Plan de Pruebas de Sistema* y *Manual de Usuario* como líneas base a la *Configuración de Software.*		Posible	En MPS-Scrum no se considera incorporar todos estos productos a la configuración de software. Sin embargo, si está incluida la Actividad 9 de la REUNIÓN DE PLANIFICACIÓN para determinar la configuración que se va a entregar. Por lo que la Actividad 9 puede servir como base para determinar o actualizar la configuración del software

DMS			MPS –Scrum	
Rol	Descripción	Práctica	Equivalencia	Observaciones
				incorporando la *ESPECIFICACIÓN DE REQUERIMIENTOS*.
RDM	A2.15. Elaborar el *Reporte de Actividades* registrando las actividades realizadas, fechas de inicio y fin, responsable por actividad y mediciones requeridas.	REUNIÓN DIARIA	Parcial (no se considera fechas de inicio y fin y mediciones requeridas)	Aunque en la REUNIÓN DIARIA se reportan las actividades realizadas, por realizar y los impedimentos que surgen no se registra la fecha de inicio y fin o las mediciones requeridas.
A3. Realización de la fase de Análisis y Diseño (O1,O3)				
RDM AN DI	A3.1. Distribuir tareas a los miembros del equipo de trabajo según su rol, de acuerdo al *Plan de Desarrollo* actual.	REUNIÓN DE PLANIFICACIÓN Actividad 7	Implícita	Debido a que el EqT genera el *PD-LISTA DE TAREAS* son los propios integrantes los que se asignan las tareas.
AN DI DU	A3.2. Documentar o modificar el *Análisis y Diseño:* • Analizar la *Especificación de Requerimientos* para generar la descripción de la estructura interna del sistema y su descomposición en subsistemas, y éstos a su vez en componentes, definiendo las interfaces entre ellos. • Describir el detalle de la apariencia y el comportamiento de la interfaz con base en la *Especificación de Requerimientos* de forma que se puedan prever los recursos para su implementación. • Describir el detalle de los componentes que permita su construcción de manera evidente. • Generar o actualizar el *Análisis y Diseño.* • Generar o modificar el *Registro de Rastreo.*		Inexistente	No se incluye alguna práctica específica para documentar el análisis y diseño. Sin embargo, el EqT puede incorporar alguna tarea referente a elaborar y documentar el análisis y diseño en el *PD-LISTA DE TAREAS.*
RE	A3.3. Verificar el *Análisis y Diseño* y el *Registro de Rastreo* (**Ver4**).		Inexistente	No se considera en MPS-Scrum.
AN DI DU	A3.4. Corregir los defectos encontrados en el *Análisis y Diseño* y en el *Registro de Rastreo* con base en el *Reporte de Verificación* y obtener la aprobación de las correcciones.		Inexistente	No se considera en MPS-Scrum.
CL	A3.5. Validar el *Análisis y Diseño* (**Val2**).		Inexistente	No se considera en MPS-Scrum.

DMS		MPS –Scrum		
Rol	Descripción	Práctica	Equivalencia	Observaciones
RPU				
AN DI DU	A3.6. Corregir los defectos encontrados en el *Análisis y Diseño* con base en el *Reporte de Validación* y obtener la aprobación de las correcciones.		Inexistente	No se considera en MPS-Scrum.
RPU	A3.7. Elaborar o modificar *Plan de Pruebas de Integración*.		Inexistente	No se incluye alguna práctica específica sobre la elaboración del *Plan de Pruebas de Integración*, sin embargo, el EQT puede incorporar alguna (s) tarea (s) para elaborarlo, en el PD – LISTA DE TAREAS.
RE	A3.8. Verificar el *Plan de Pruebas de Integración* (**Ver5**).		Inexistente	No se considera en MPS-Scrum.
RPU	A3.9. Corregir los defectos encontrados en el *Plan de Pruebas de Integración* con base en el *Reporte de Verificación* y obtener la aprobación de las correcciones.		Inexistente	No se considera en MPS-Scrum.
RD M	A3.10. Incorporar *Análisis y Diseño, Registro de Rastreo* y *Plan de Pruebas de Integración* como líneas base a la *Configuración de Software*.		Inexistente	No se considera en MPS-Scrum.
RD M	A3.11. Elaborar el *Reporte de Actividades* registrando las actividades realizadas, fechas de inicio y fin, responsable por actividad y mediciones requeridas.	REUNIÓN DIARIA	Parcial (no se considera fechas de inicio y fin y mediciones requeridas)	Aunque en la REUNIÓN DIARIA se reportan las actividades realizadas, por realizar y los impedimentos que surgen no se registra la fecha de inicio y fin o las mediciones requeridas.
A4. Realización de la fase de Construcción (O1,O3)				
RD M	A4.1. Distribuir tareas a los miembros del equipo de trabajo según su rol, de acuerdo al *Plan de Desarrollo* actual.	REUNIÓN DE PLANIFICACIÓN Actividad 7	Implícita	Debido a que el EQT genera el PD-*LISTA DE TAREAS* son los propios integrantes los que se asignan las tareas.
PR	A4.2. Construir o modificar el(los) *Componente*(s) de software: • Implementar o modificar *Componente*(s) con base a la parte detallada del *Análisis y Diseño*. • Definir y aplicar pruebas unitarias para verificar que el	Ciclo de Desarrollo	Parcial (no se considera que los Componente s de software se implementen de acuerdo al Análisis y Diseño, la	En el *Ciclo de Desarrollo* se desarrolla el producto de software no se considera explícitamente la realización de pruebas unitarias o la corrección de defectos. No obstante, la demanda de un producto de software que cumpla con la meta del ciclo

DMS			MPS –Scrum	
Rol	Descripción	Práctica	Equivalencia	Observaciones
	funcionamiento de cada componente esté acorde con la parte detallada del *Análisis y Diseño*. • Corregir los defectos encontrados hasta lograr pruebas unitarias exitosas (sin defectos). • Actualizar el *Registro de Rastreo*, incorporando los componentes construidos o modificados.		realización de pruebas unitarias, la corrección de defectos y el registro de rastreo)	obliga a que el EQT incorpore tareas para verificar esto en el *PD-LISTA DE TAREAS*.
RE	A4.3. Verificar el *Registro de Rastreo* (**Ver6**).		Inexistente	No se considera en MPS-Scrum.
PR	A4.4. Corregir los defectos encontrados en el *Registro de Rastreo* con base en el *Reporte de Verificación* y obtener la aprobación de las correcciones.		Inexistente	No se considera en MPS-Scrum.
RD M	A4.5. Incorporar *Componentes* y *Registro de Rastreo* como líneas base a la *Configuración de Software*.		Posible	En MPs-Scrum se puede incorporar en el *CICLO DE DESARROLLO* una actividad para incorporar los *Componentes* como parte del producto de software a *la* configuración de *Sw.*
RD M	A4.6. Elaborar el *Reporte de Actividades*, registrando las actividades realizadas, fechas de inicio y fin, responsable por actividad y mediciones requeridas.	REUNIÓN DIARIA	Parcial (no se considera fechas de inicio y fin y mediciones requeridas)	Aunque en la REUNIÓN DIARIA se reportan las actividades realizadas, por realizar y los impedimentos que surgen no se registra la fecha de inicio y fin o las mediciones requeridas.
A5. Realización de la fase de Integración y Pruebas (O1,O3)				
RD M	A5.1. Distribuir tareas a los miembros del equipo de trabajo según su rol, de acuerdo al *Plan de Desarrollo* actual.	REUNIÓN DE PLANIFICACIÓN Actividad 7	Implícita	Debido a que el EQT genera el *PD-LISTA DE TAREAS* son los propios integrantes los que se asignan las tareas.
PR RPU	A5.2. Realizar integración y pruebas. • Integrar los componentes en subsistemas o en el sistema del *Software* y aplicar las pruebas siguiendo el *Plan de Pruebas de Integración*, documentando los resultados en un *Reporte de Pruebas de Integración*. • Corregir los defectos encontrados, con base en *Reporte de Pruebas de*		Inexistente	No se incluye alguna práctica específica para realizar la integración y pruebas de integración, sin embargo, el EQT puede incorporar alguna tarea referente a esto en el *PD-LISTA DE TAREAS*.

DMS		MPS –Scrum		
Rol	Descripción	Práctica	Equivalencia	Observaciones
	Integración, hasta lograr una prueba de integración exitosa (sin defectos). • Actualizar el *Registro de Rastreo.*			
RM	A5.3. Documentar el *Manual de Operación* o modificar el manual existente.		Inexistente	No se incluye alguna práctica específica para la realización de documentación de usuario, como el *Manual de Operación,* sin embargo, el EQT puede incorporar alguna tarea para elaborarlo en el *PD – LISTA DE TAREAS.*
RE	A5.4. Verificar el *Manual de Operación* (**Ver7**).		Inexistente	No se considera en MPS-Scrum.
RM	A5.5. Corregir los defectos encontrados en el *Manual de Operación* con base en el *Reporte de Verificación* y obtener la aprobación de las correcciones.		Inexistente	No se considera en MPS-Scrum.
RPU	A5.6. Realizar las pruebas de sistema siguiendo el *Plan de Pruebas de Sistema,* documentando los resultados en un *Reporte de Pruebas de Sistema.*		Inexistente	No se incluye alguna práctica específica para la realización de pruebas de sistema, sin embargo, el EQT puede incorporar alguna tarea con respecto a éstas en el *PD –LISTA DE TAREAS.*
PR	A5.7. Corregir los defectos encontrados en las pruebas de sistema con base en el *Reporte de Pruebas de Sistema* y obtener la aprobación de las correcciones.		Inexistente	No se considera en MPS-Scrum.
RM	A5.8. Documentar el *Manual de Usuario* o modificar el existente.		Inexistente	No se incluye alguna práctica específica para la realización de documentación de usuario, como el *Manual de Usuario,* sin embargo, el EQT puede incorporar alguna tarea para elaborarlo en el *PD –LISTA DE TAREAS.*
RE	A5.9. Verificar el *Manual de Usuario* (**Ver8**).		Inexistente	No se considera en MPS-Scrum.
RM	A5.10. Corregir los defectos encontrados en el *Manual de Usuario* con base en el *Reporte de Verificación* y		Inexistente	No se considera en MPS-Scrum.

DMS			MPS --Scrum	
Rol	Descripción	Práctica	Equivalencia	Observaciones
	obtener la aprobación de las correcciones.			
RD M	A5.11. Incorporar *Software*, *Reporte de Pruebas de Integración, Registro de Rastreo, Manual de Operación* y *Manual de Usuario* como líneas base a la *Configuración de Software*.		Posible	En MPS-Scrum no se considera incorporar todos estos productos a la configuración de software. Sin embargo, si está incluida la Actividad 9 de la REUNIÓN DE PLANIFICACIÓN para determinar la configuración que se va a entregar. Por lo que la Actividad 9 puede servir como base para determinar o actualizar la configuración del software incorporando el *Sw.*
RD M	A5.12. Elaborar el *Reporte de Actividades* registrando las actividades realizadas, fechas de inicio y fin, responsable por actividad y mediciones requeridas.	REUNIÓN DIARIA	Parcial (no se considera fechas de inicio y fin y mediciones requeridas)	Aunque en la REUNIÓN DIARIA se reportan las actividades realizadas, por realizar y los impedimentos que surgen no se registra la fecha de inicio y fin o las mediciones requeridas.
A6. Realización de la fase de Cierre (O2)				
RM	A6.1. Documentar el *Manual de Mantenimiento* o modificar el existente.		Inexistente	No se incluye alguna práctica específica para la realización del *Manual de Mantenimiento*, sin embargo, el EqT puede incorporar alguna tarea para elaborarlo en el *PD – LISTA DE TAREAS.*
RE	A6.2. Verificar el *Manual de Mantenimiento* (**Ver9**).		Inexistente	No se considera en MPS-Scrum.
RM	A6.3. Corregir los defectos encontrados en el *Manual de Mantenimiento* con base en el *Reporte de Verificación* y obtener la aprobación de las correcciones.		Inexistente	No se considera en MPS-Scrum.
RD M	A6.4. Incorporar *Manual de Mantenimiento* como línea base a la *Configuración de Software*.		Inexistente	En MPS-Scrum no se considera incorporar *Manual de Mantenimiento* a la configuración de software. La Actividad 9 de la REUNIÓN DE PLANIFICACIÓN es solo para determinar la configuración que se va a entregar.
RD	A6.5. Identificar las *Lecciones*		Inexistente	No se incluye alguna

DMS		MPS –Scrum		
Rol	Descripción	Práctica	Equivalencia	Observaciones
M ET	*Aprendidas* e integrarlas a la *Base de Conocimiento.* Como ejemplo, se pueden considerar mejores prácticas, experiencias exitosas de manejo de riesgos, problemas recurrentes, entre otras.			práctica referente a la identificación de *Lecciones Aprendidas*, sin embargo quedan en la experiencia de los integrantes del EQT que participó en todas las actividades de planificación de realización y evaluación y control.
RD M ET	A6.6. Generar el *Reporte de Mediciones* y *Sugerencias de Mejora.*		Posible	En MPS-Scrum no se incluye explícitamente un *Reporte de Mediciones y Sugerencias de Mejora.* Sin embargo en la 2ª. Fase de la REUNIÓN DE REVISIÓN se realiza la retroalimentación sobre la ejecución del ciclo y se determinan las acciones a seguir para realizar las mejoras al proceso. Por lo tanto, la 2ª. Fase de la REUNIÓN DE REVISIÓN puede servir como base para ejecutar esta sub-actividad.
RD M	A6.7. Elaborar el *Reporte de Actividades* registrando las actividades realizadas, fechas de inicio y fin, responsable por actividad y mediciones requeridas.	REUNIÓN DIARIA	Parcial (no se considera fechas de inicio y fin y mediciones requeridas)	Aunque en la REUNIÓN DIARIA se reportan las actividades realizadas, por realizar y los impedimentos que surgen no se registra la fecha de inicio y fin o las mediciones requeridas.

Anexo B. Ejemplo de MPS-Scrum.

B.1 Introducción.

En esta sección se presenta un ejemplo hipotético de la aplicación de MPS-Scrum en un proyecto de desarrollo de software. El escenario describe la situación cómo si hubiera sido real. Explica cómo fueron asignados los roles, cómo se ejecutaron las prácticas y ejemplos de los productos de trabajo que supuestamente fueron utilizados.

B.1 Escenario.

Se requiere desarrollar un producto de software que apoye en la realización de revisiones bibliográficas a estudiantes de posgrado en sus trabajos de investigación.

La asignación de los roles se llevó a cabo de la siguiente manera:

Un estudiante que conoce una metodología para realizar revisiones de esta naturaleza tomó el rol de REPRESENTANTE DEL CLIENTE (REC), debido a que conoce los requerimientos que debe cumplir el producto de software para que cumpla su objetivo. Un equipo de desarrollo existente formado por estudiantes se ofreció a desarrollarlo, por lo que asume el rol del EQUIPO DE TRABAJO (EQT) y selecciona uno de los integrantes como RESPONSABLE DE LA ADMINISTRACIÓN DEL PROYECTO ESPECÍFICO (RAPE). Los profesores no indican alguna restricción con respecto al proceso a utilizar y quieren revisar los resultados del proyecto. Por lo que asumen el rol de INVOLUCRADOS (IN).

Las prácticas se realizaron como se explica a continuación:

- PREPARACIÓN DEL PROYECTO. Se llevó a cabo como lo indica MPS-Scrum.
- REUNIÓN DE PLANIFICACIÓN. Se realizó como lo señala MPS-Scrum.
- CICLO DE DESARROLLO. Se realizaron dos ciclos de desarrollo con diferente duración, debido a que el EQT desempeñaba otras actividades además de las de este proyecto.
- REUNIÓN DIARIA. Se modificó la periodicidad por semanal, por la misma razón que se menciona en CICLO DE DESARROLLO.
- CONTROL DIARIO DE TAREAS. Se cambió la periodicidad por semanal por la misma razón que se menciona en CICLO DE DESARROLLO.
- ACTUALIZACIÓN DIARIA DE ESTIMADOS DE TRABAJO RESTANTE. Se modificó la periodicidad por semanal, por la misma razón que se menciona en CICLO DE DESARROLLO.
- REUNIÓN DE REVISIÓN. Se realizaron dos reuniones para presentar el avance.
- SEGUIMIENTO A OBSTÁCULOS. Los dos principales obstáculos que impedían el avance del proyecto fueron: la falta de disponibilidad de un servidor para desarrollo y la asignación de tareas extras a un integrante del EQT por parte de su tutor. El primero no impactó el desarrollo del primer ciclo. El segundo se manejó como un factor externo y se contuvo escalando este asunto para ser tratado entre los profesores del posgrado.

Los productos se muestran en Figura 9, Figura 10, Figura 11 y Figura 12. La *DP- VISIÓN DEL SISTEMA* describe detalladamente lo que se busca en el proyecto.

La *ESPECIFICACIÓN DE REQUERIMIENTOS* (Figura 10) muestra los requerimientos funcionales como no funcionales, tanto para el Ciclo 1 como para el Ciclo 2. Se puede observar que el requerimiento 4 se integró en el ciclo 2 porque no fue terminado en el primer ciclo. La estimación se realizó en días de trabajo.

El *PD-LISTA DE TAREAS* para el Ciclo 1 se muestra en Figura 11. El control de las tareas se siguió por semanas. La estimación del tiempo para ejecutar cada una de las tareas se realizó en horas. Se puede observar que la duración del ciclo fue de 10 semanas. El Ciclo 2 (Figura 12) tuvo una duración de 6 semanas en las que se agruparon algunas tareas por la funcionalidad con la que se relacionaban para simplificar la estimación.

Herramienta Colaborativa para las Revisiones Bibliográficas Sistemáticas (CoRBS).
DP-VISIÓN DEL SISTEMA.
El presente proyecto gira en torno a la creación de un producto de software que apoye a los estudiantes de posgrado en la realización de revisiones bibliográficas de manera sistematizada.
Al comienzo del trabajo de investigación del estudiante de posgrado se enfrenta a la tarea de conocer el estado actual del tema que tratará en su trabajo de tesis. Lo que, le puede resultar difícil realizar una revisión bibliográfica debido a varias razones:
- ▶ Por lo general, un estudiante de posgrado no tiene mucha experiencia en planear y ejecutar una revisión bibliográfica con un método específico, que le permita establecer sus objetivos y estrategias para obtener la información apropiada para su tema de investigación.
- ▶ No se identifican claramente las fuentes bibliográficas en las que se puede buscar información y su prioridad, de acuerdo al tema de investigación.
- ▶ Dichas fuentes bibliográficas pueden ser extensas, por lo que debido a la naturaleza del tema de investigación los resultados pueden ser abundantes, lo que provoca confusión en cómo distinguir la información que es valiosa y la que no lo es tanto, para el objetivo de investigación.

Por lo tanto, se propone el desarrollo de un producto de software que apoye a los estudiantes, proporcionando medios para seguir cierto orden durante la realización de la revisión bibliográfica. Para los investigadores que dirigen los trabajos de tesis los ayude a verificar que dicha revisión se realiza con el rigor que se requiere. El nombre asignado a dicho producto es: *Herramienta Colaborativa para las Revisiones Bibliográficas Sistemáticas (CoRBS)*.

Figura 9. *DP-VISIÓN DEL SISTEMA* para CoRBS.

Herramienta Colaborativa para las Revisiones Bibliográficas Sistemáticas (CoRBS)			
ESPECIFICACIÓN DE REQUERIMIENTOS			
Requerimiento		Estimados (días)	
Ciclo 1	Tipo	Ciclo 1	Ciclo 2
1	Se requiere que el producto desarrollado tome como una herramienta base de creación colaborativa de documentos de uso extendido para aprovechar sus ventajas. Por lo que se solicita una aplicación web.	No funcional	10	0
2	El desarrollo debe apegarse a la tecnología utilizada en la herramienta base.	No funcional	10	0
3	Alta, Cambios y Consulta de datos de Protocolo de Revisión	Funcional	15	0
4	Alta, Baja, Cambios y Consulta de datos de publicaciones encontradas.	Funcional	15	0
5	Autenticar Usuario	Funcional	1	0
6	Salir del Sistema	Funcional	1	0
Ciclo 2				
4	Alta, Baja, Cambios y Consulta de datos de publicaciones encontradas.	Funcional	15	10
7	Aprobar o rechazar Protocolo de Revisión	Funcional	10	8
8	Aceptar una publicación encontrada.	Funcional	3	2
9	Modificar datos de publicaciones aceptadas.	Funcional	3	3
10	Extraer datos de revisión a un formato transportable (Extracción RBS).	Funcional	5	5
11	Consultar resultados	Funcional	3	2
12	Consultar información de interés sobre las revisiones sistemáticas.	Funcional	1	1
13	Buscar artículos en base de datos electrónica	Funcional	10	15
			87	46

Figura 10. *ESPECIFICACIÓN DE REQUERIMIENTOS* **para CoRBS.**

Herramienta Colaborativa para las Revisiones Bibliográficas Sistemáticas

PD- LISTA DE TAREAS

	Tarea	Responsable	Estatus	Semanas (horas)									
				1	2	3	4	5	6	7	8	9	10
1	Evaluar diferentes herramientas para la creación colaborativa de documentos	Todos	Terminada	12	7	5	3	2	0	0	0	0	0
2	Elaborar alcance del proyecto (WBS)	Magda	Terminada	10	10	7	4	3	0	0	0	0	0
3	Elaborar Plan de Administración del Configuración	Mashenka	Terminada	14	4	4	1	1	1	0	0	0	0
4	Crear Repositorio de Documentación del Proyecto	Mashenka	Terminada	4	5	5	5	3	1	0	0	0	0
5	Instalar la herramienta seleccionada en el servidor	Miguel	Terminada	5	3	3	3	2	2	0	0	0	0
6	Crear repositorio de código.	Miguel	Terminada	3	3	3	3	3	3	0	0	0	0
7	Sesión de instalación de la herramienta seleccionada para el desarrollo.	Todos	Terminada	3	1	1	1	1	1	0	0	0	0
8	Instalar herramienta Diagramador de UML	Todos	Terminada	1	3	3	3	2	1	0	0	0	0
9	Elaborar Diagrama General de Casos de Uso	Todos	Terminada	3	3	3	3	3	3	3	0	0	0
10	Elaborar Glosario de Términos	Jonathan	Terminada	3	40	40	40	40	40	40	40	0	0
11	Elaborar Detalle de Casos de Uso	Todos	Terminada	40	3	3	3	3	3	3	3	0	0
12	Revisar glosario de términos y diagrama y detalle de casos de uso	Todos	Terminada	3	2	2	2	2	2	2	2	0	0
13	Corregir defectos de casos de uso	Magda	Terminada	2	35	30	20	15	10	10	5	3	0
14	Estudiar la tecnología utilizada por la herramienta seleccionada.	Todos	Terminada	40	60	60	60	60	60	30	20	0	0
15	Desarrollar interfaces de usuario	Todos	Terminada	60	5	5	5	5	5	5	5	0	0
16	Integrar interfaces de usuario	Miguel	Terminada	5	8	8	8	8	8	5	3	1	0
17	Elaborar Plan de Pruebas de Sistema	Jonathan	Terminada	8	2	2	2	2	2	2	2	2	0
18	Revisar Plan de Pruebas de Sistema	Todos	Terminada	2	2	2	2	2	2	2	2	2	0
19	Corregir defectos de Plan de Pruebas de Sistema	Magda	Terminada	2	20	20	20	20	20	10	5	3	0

Figura 11. *PD-LISTA DE TAREAS* para el Ciclo 1 del desarrollo de CoRBS.

	Herramienta Colaborativa para las Revisiones Bibliográficas Sistemáticas												
	PD- *LISTA DE TAREAS*												
	Tarea	Responsable	Estatus	Semanas									
				1	2	3	4	5	6	7	8	9	10
20	Elaborar Arquitectura	Miguel	Terminada	20	20	20	20	20	20	10	3	2	0
21	Elaborar diagramas de secuencia	Todos	Terminada	20	8	8	8	8	8	8	6	4	0
22	Elaborar Plan de Pruebas de Integración	Magda	Terminada	8	2	2	2	2	2	2	2	2	0
23	Revisar Plan de Pruebas de Integración	Todos	Terminada	2	2	2	2	2	2	2	2	2	0
24	Corregir defectos de Plan de Pruebas de Integración	Magda	Terminada	2	2	2	2	2	2	2	2	2	0

Figura 11. *PD-LISTA DE TAREAS* para el Ciclo 1 del desarrollo de CoRBS.

Herramienta Colaborativa para las Revisiones Bibliográficas Sistemáticas

PD-LISTA DE TAREAS

	Tarea	Responsable	Estatus	Semanas 1	2	3	4	5	6
1	Actualizar plantillas	Magda	Terminada	5	5	5	7	4	0
2	Analizar la funcionalidad de Categorías	Mashenka	Terminada						
3	Construir la funcionalidad de Categorías	Mashenka	Terminada						
4	Realizar pruebas unitarias de la funcionalidad Categorías	Mashenka	Terminada	10	10	4	4	0	0
5	Corregir defectos en Categorías	Mashenka	Terminada						
6	Analizar como implementar la funcionalidad Aprobar/Rechazar Protocolo	Miguel	Terminada						
7	Construir la funcionalidad Aprobar/Rechazar Protocolo	Miguel	Terminada	4	2	2	2	2	0
8	Realizar pruebas unitarias de la funcionalidad Aprobar/Rechzar Protocolo	Miguel	Terminada						
9	Corregir defectos en la funcionalidad Aprobar/Rechazar Protocolo	Miguel	Terminada						
10	Analizar como implementar la funcionalidad Aceptar artículo	Magda	Terminada						
11	Construir la funcionalidad Aceptar artículo	Magda	Terminada						
12	Realizar pruebas unitarias de la funcionalidad Aceptar artículo	Magda	Terminada	15	15	15	15	15	0
13	Corregir defectos de la funcionalidad Aceptar artículo	Magda	Terminada						
14	Analizar como implementar la funcionalidad Calcular estadísticas	Jonathan	Terminada						
15	Construir la funcionalidad Calcular estadísticas	Jonathan	Terminada						
16	Realizar pruebas unitarias de la funcionalidad Calcular estadísticas	Jonathan	Terminada	10	10	7	5	5	0
17	Corregir defectos de la funcionalidad Calcular estadísticas	Jonathan	Terminada						
18	Analizar como implementar la funcionalidad Extracción de base de datos electrónica	Miguel	Terminada						
19	Construir la funcionalidad Extracción de base de datos electrónica	Miguel	Terminada	3	30	28	28	25	0
20	Realizar pruebas unitarias de la funcionalidad Extracción de base de datos electrónica	Miguel	Terminada						

Figura 12. *PD-LISTA DE TAREAS* para el Ciclo 2 del desarrollo de CoRBS.

Herramienta Colaborativa para las Revisiones Bibliográficas Sistemáticas								
PD-LISTA DE TAREAS								
Tarea	Responsable	Estatus	Semanas					
			1	2	3	4	5	6
21 Corregir defectos de la funcionalidad Extracción de base de datos electrónica	Miguel	Terminada						
22 Analizar como implementar la funcionalidad Extracción de la RBS	Mashenka	Terminada	8	3	3	3	3	0
23 Construir la funcionalidad Extracción de la RBS	Mashenka	Terminada						
24 Realizar pruebas unitarias de la funcionalidad Extracción de la RBS	Mashenka	Terminada						
25 Corregir defectos de la funcionalidad Extracción de la RBS	Mashenka	Terminada						
26 Analizar como implementar la funcionalidad de Manejo de usuarios	Magda	Terminada	10	10	8	3	3	0
27 Construir la funcionalidad de Manejo de usuarios	Magda	Terminada						
28 Realizar pruebas unitarias de la funcionalidad Manejo de usuarios	Magda	Terminada						
29 Corregir defectos de la funcionalidad Manejo de usuarios	Magda	Terminada						
30 Analizar como implementar la funcionalidad Mis Revisiones	Mashenka	Terminada	10	10	6	8	0	0
31 Construir la funcionalidad Mis Revisiones	Mashenka	Terminada						
32 Realizar pruebas unitarias de la funcionalidad Mis Revisiones	Mashenka	Terminada						
33 Corregir defectos de la funcionalidad Mis Revisiones	Mashenka	Terminada						
34 Actualizar Plan de Pruebas de Integración	Magda	Terminada	7	7	7	7	7	0
35 Ejecutar casos de pruebas de integración y registrar resultados	Magda	Terminada	4	4	4	4	4	0
36 Corregir defectos	Todos	Terminada	5	5	5	5	5	0
37 Ejecutar casos de pruebas de sistema y registrar resultados	Magda	Terminada	2	2	2	2	2	0
38 Corregir defectos	Magda	Terminada	3	3	3	3	3	0
39 Elaborar ayuda	Magda, Mashenka, Miguel	Terminada	12	12	12	12	12	0
40 Entregar el producto de software CoRBS	Todos	Terminada	2	2	2	2	2	0

FIGURA 12. PD-LISTA DE TAREAS PARA EL CICLO 2 DEL DESARROLLO DE CORBS.

Referencias

[1]. **Banco Nacional de Comercio Exterior S.N.C.** Centro de Información ProMéxico. [En línea]
Banco Nacional de Comercio Exterior S.N.C. [Citado el: 10 de Agosto de 2008.]
http://www.bancomext.com.mx/Bancomext/portal/portal.jsp?parent=8&category=2239&docum
ent=6142.

[2]. **Oktaba, Hanna y otros.** *Modelo de Procesos para la Industria de Software MoProSoft Versión 1.3.* México : Secretaría de Economía, 2005.

[3]. **Agile Alliance.** Manifesto for Agile Software. [En línea] 2001. [Citado el: 30 de Julio de 2008.]
http://agilemanifesto.org/principles.html.

[4]. **Agile Alliance.** Principles behind the Agile Manifesto. [En línea] 2001. [Citado el: 30 de Juio de 2008.] http://agilemanifesto.org/principles.html.

[5]. **The Institute of Electrical and Electronics Engineers.** *IEEE Standard Glossary of Software Engineering Terminology.* New York NY USA : Computer Society of the IEEE, 1990. 610.12-1990.

[6]. **Wang, Yingxu.** *Software Engineering Foundations: A Software Science Perspective.* Boca Raton, New York : Auerbach Publications, 2008.

[7]. **The Institute of Electrical and Electronics Engineers, Inc.** *Guide to the Software Engineering Body of Knowledge.* Los Alamitos, California : IEEE Computer Society, 2004.

[8]. **International Organization for Standarization.** ISO/IEC 12207:2008. [En línea] International Organization for Standarization. [Citado el: 18 de Agosto de 2008.]
http://www.iso.org/iso/iso_catalogue/catalogue_tc/catalogue_detail.htm?csnumber=43447.

[9]. **Carnegie Mellon- Software Engineering Institute.** *CMMI for Development Ver 1.2.* Pithsburg, PA : Carnegie Mellon University, 2006.

[10]. **Software Engineering Institute.** Overview of Team Software Process and Personal Software Process. [En línea] Carnegie Mellon University. [Citado el: 18 de Agosto de 2008.]
http://www.sei.cmu.edu/tsp/.

[11]. **Jacobson I., Booch G., Rumbaugh J.** *El Proceso Unificado de Desarrollo de Software.* Madrid España : Peason Educación S.A., 2000.

[12]. **Schwaber, Ken.** *Agile Project Management with Scrum.* Redmond Washington : Microsoft Press, 2004.

[13]. **Roger, Pressman.** *Ingeniería dell software Un enfoque práctico.* México : McGraw-Hill Interamericana, 2005.

[14]. **Cockburn, Alistar.** *Agile Software Development.* Segunda. United States : Addison-Wesley, 2007.

[15]. **Erdogmus, Hakan** . *Essentials of Software Process.* Julio-Agosto, Los Alamitos, CA USA : IEEE Computer Society, 2008.

[16]. **Boehm, Barry. Turner, Richard.** *Balancing Agility and Discipline.* Boston, MA. : Addison Wesley, 2004.

[17]. **Suttherland, Jeff.** *Distributed Scrum: Agile Project Management with Outsourced Development Teams.* Hawaii : s.n., 2007. 40th Annual Hawaii International Conference on System Sciences.

[18]. **Beck K.,Andres C.** *Extreme Programming Explained: Embrace Change.* New Jersey, United States : Addison Wesley Professional, 2004.

[19]. **Highsmith, Jim.** *Adaptive software development: A collaborative approach to managing complex systems.* New York United States : Dorset House Publishing, 2000.

[20]. **Cockburn, Alistar.** *Crystal Clear A Human-Powered Methodology for Small Teams.* New Jersey, United States : Pearson Education, 2004.

[21]. **Palmer S., Felsing J.** *A Practical Guide to Feature Driven Development.* New Jersey United States : Prentice Hall, 2001.

[22]. **Marcal A., Celso B., Furtado F., Belchior A.** *Mapping CMMI Project Management Process Areas to Scrum practices.* Columbia MD: IEEE Computer Society, 2007.

[23]. **Sutherland J., Ruseng C. Johnson K.** *Scrum and CMMI Level 5: The Magic Protion for Code Warriors.* Hawaii : IEEE Computer Society, 2008. 41 st Hawaii International Conference on System Sciences.

[24]. **Secretaría de Economía.** PROGRAMA PARA EL DESARROLLO DE LA INDUSTRIA DEL SOFTWARE (PROSOFT). [En línea] Secretaría de Economía -México. [Citado el: 18 de Agosto de 2008.] http://www.e-mexico.gob.mx/wb2/eMex/eMex_Programa_para_el_Desarrollo_de_la_Industria_d.

[25]. **Oktaba, Hanna.** *MoProSoft o Historia de una norma.* [Presentación] Ciudad de México : Asociación Mexicana para la Calidad en Ingeniería de Software, A.C., Facultad de Ciencias UNAM.

[26]. **Oktaba H., Garcia F. Piattini M., Ruiz F., Pino F.J., Alquicira C.** *Software Process Improvement: The Competisoft Project.* Washington D.C : Computer, IEEE Computer Society, Octubre de 2007, Computer.

[27]. **Laporte, C. Y., Renault A., Alexander S.** The Application of International Software Engineering Standards in Very Small Enterprises. [aut. libro] Varios. *Software Process Improvement for Small and Medium Enterprises, Techniques and Case Studies.* Hershey New York : Information Science Reference , 2008, págs. 42-70.

[28]. **Scrum Alliance.** Scrum Alliance, transforming the world of work. [En línea] Scrum Alliance, Inc., 2003-2008. [Citado el: 3 de Junio de 2008.]

[29]. **Scrum Alliance.** What Is Scrum? [En línea] Scrum Alliance, Inc., 2003-2008. [Citado el: 03 de Junio de 2008.] http://www.scrumalliance.org/pages/what_is_scrum.

[30]. **Scrum Alliance.** Benefits of Scrum. [En línea] Scrum Alliance, Inc., 2003-2008. [Citado el: 03 de Junio de 2008.] http://www.scrumalliance.org/view/benefits_of_scrum.

[31]. **Schwaber, Ken.** *Controlled Chaos: Living on the Edge.* 1996. OOPSLA.

[32]. **Scrum Alliance.** Scrum Alliance - Scrum Roles. [En línea] Scrum Alliance, Inc., 2003-2008. [Citado el: 03 de Junio de 2008.] http://www.scrumalliance.org/view/scrum_roles.

[33]. **Scrum Alliance.** Scrum Ceremonies. [En línea] Scrum Alliance, Inc., 2003-2008. [Citado el: 03 de Junio de 2008.] http://www.scrumalliance.org/view/scrum_ceremonies.

[34]. **Larman, Craig.** *Agile and Iterative Development: A Manager's Guide.* Boston, MA : Addison Wesley, 2003.

[35]. **Moore R., Reff K.,Graham J.,Hackerson B.** *Scrum at a Fortune 500 Manufacturing Company.* Washington D.C. : IEEE Computer Society, 2007. AGILE 2007.

[36]. **Benefield, Gabriel.** *Rolling out Agile at a large Enterprise.* Hawaii : IEEE Computer Society, 2008. 41 st Hawaii international Conference on System Science.

[37]. **Striebeck, Mark.** *Ssh! We are adding a process... (at Google).* Minneapolis, Minnesota : IEEE Computer Society, 2006. AGILE 2006.